JN099545

Deloitte. トーマツ
デロイト トーマツ

Q&Aでわかる

KAM
〈監査上の主要な検討事項〉
の実務

有限責任監査法人
トーマツ [著]

Key Audit Matters

中央経済社

はじめに

　今日の経済社会においては，「利用者本位」，利用者のニーズに応えることに主眼が置かれ，財務諸表監査とてその例外ではありません。財務諸表監査の監査結果の利用者に対して，監査人は監査の成果物として提供する監査報告書についても，利用者のニーズに応えるために新たな対応が求められています。

　定型文言が記載されたこれまでの監査報告書では，財務諸表の適否を伝えるという目的を果たすことはできるものの，どのような監査が行われたかが十分に読み取れず，「監査がブラックボックスのように感じられる」，また，「監査がコモディティ化しているように見え，価値を感じにくい」といった点に監査報告書の利用者の不満がうかがわれたように思います。

　個々の監査業務は，被監査企業の個々の財務諸表において特有の事項に応じて実施されています。したがって，「個々の監査業務にも個性があり，"顔"がある」ことを踏まえ，「監査人が何に注力したか，メッセージを伝える」ことができれば，このような監査報告書の利用者の不満は解消され，また，報告される監査上の特有の事項が，投資家をはじめとする監査報告書の利用者と企業との対話の糸口となることが期待されると考えられます。

　このような経緯から，わが国においても利用者のニーズを満たすために，監査人が職業的専門家として特に重要であると判断した事項，すなわち監査上の主要な検討事項（Key Audit Matters：KAM）を監査報告書に記載する制度が導入されており，一定の要件に該当する金融商品取引法に基づく監査において，原則として2020年3月期から任意に早期適用可能とされ，2021年3月期からは本則適用されることとなっています。

　本書では，このような新たな監査報告書の実務に対応するために，監査人や被監査企業が直面するであろう主要な論点について，Q&A形式で解説しています。その解説にあたっては，監査の基準等の理論に関連したQ&Aに加え，実務に役立つように早期適用事例を取り上げたQ&Aを提供しています。また，監査人と被監査企業との間のコミュニケーションを基礎として記載事項が決定

されるというKAMの特徴に鑑み，監査人のみならず被監査企業の経営者，財務諸表作成に携わる方々や監査役等の視点からの解説も盛り込んでいます。

　今後は，個々の監査業務に特有の事項に応じて個性的なKAMの記載が行われ，個々の監査業務ごとに監査報告書の記載内容が異なるのが通常となります。そのような状況のもとで，KAMに関する監査報告は実務の積重ねと収斂を経て形作られていくものと考えられます。

　本書が，わが国におけるKAMに関する監査報告の実務の形成の一助となることを願います。

　2021年5月

有限責任監査法人トーマツ

執筆者一同

目　次

理　論　編

事　例　編

【凡例】

法令・会計基準等	略称（案）
財務諸表等の用語，様式及び作成方法に関する規則	財規
金融商品取引法	金商法
企業内容等の開示に関する内閣府令	開示府令
財務諸表等の監査証明に関する内閣府令	監査証明府令
「『財務諸表等の監査証明に関する内閣府令等の一部を改正する内閣府令（案）』等に対するパブリックコメントの概要及びコメントに対する金融庁の考え方」（2018年11月30日）	2018年改正監査証明府令コメント対応
「『監査基準の改訂に関する意見書』の公表について」の「コメントの概要及びコメントに対する考え方」（2018年7月6日）	2018年改訂監査基準コメント対応
監査基準委員会報告書210「監査業務の契約条件の合意」	監基報210
監査基準委員会報告書240「財務諸表監査における不正」	監基報240
監査基準委員会報告書260「監査役等とのコミュニケーション」	監基報260
監査基準委員会報告書265「内部統制の不備に関するコミュニケーション」	監基報265
監査基準委員会報告書315「企業及び企業環境の理解を通じた重要な虚偽表示リスクの識別と評価」	監基報315
監査基準委員会報告書570「継続企業」	監基報570
監査基準委員会報告書700「財務諸表に対する意見の形成と監査報告」	監基報700
監査基準委員会報告書701「独立監査人の監査報告書における監査上の主要な検討事項の報告」	監基報701
監査基準委員会報告書705「独立監査人の監査報告書における除外事項付意見」	監基報705
監査基準委員会研究報告第6号「監査報告書に係るQ&A」（日本公認会計士協会）	JICPA・KAMQ&A

監査基準委員会研究資料第1号「『監査上の主要な検討事項』の早期適用事例分析レポート」（日本公認会計士協会）	JICPA早期適用事例分析レポート
「監査上の主要な検討事項（KAM）に関するQ&A集・統合版」（公益社団法人日本監査役協会）	監査役協会KAMQ&A

（※）法令・会計基準等については，2021年3月31日時点で公表されている内容に基づきます。

【略称一覧】

監査法人名	略称
EY新日本有限責任監査法人	EY新日本
PwCあらた有限責任監査法人	PwCあらた
有限責任 あずさ監査法人	あずさ
有限責任監査法人トーマツ	トーマツ

理論編

Q1　KAMの概要

> 監査報告書に記載が求められることとなったKAMとはどのようなものでしょうか？

Answer Point

POINT

- KAM（Key Audit Matters）とは「監査上の主要な検討事項」であり，監査人が，監査の重点事項の中から，特に重要であると判断した事項です。
- 上場企業等の金融商品取引法に基づく2021年3月期の監査から，監査報告書にKAMの記載が求められています。

（1）KAMの意義

　KAMとは「監査上の主要な検討事項」であり，当年度の財務諸表の監査において，監査人が職業的専門家として特に重要であると判断した事項のことをいいます（監基報701第7項）。上場企業等の金融商品取引法に基づく2021年3月期の監査から，監査報告書に「監査上の主要な検討事項」の区分を設け，その記載が求められることとなりました。

　KAMの目的は，「実施された監査に関する透明性を高めることにより，監査報告書の情報伝達手段としての価値を向上させることにある」（監基報701第2項）とされています（Q2参照）。ここで「監査報告書の情報伝達手段としての

価値を向上させること」とされていますが、KAMは財務諸表に重要な誤りが含まれていることを警告する情報ではありません（Q4参照）。KAMは、あくまで監査人が重要と判断した財務諸表の虚偽表示リスクに対して、十分かつ適切な監査証拠を入手して監査を実施した過程を伝えるものであるという点には注意が必要です。

　また、KAMは企業の事業リスクそのものを示すものではありません（Q5参照）。監査人は、監査を実施するにあたり、企業および企業環境を理解し、これらに内在する事業上のリスク等が財務諸表に重要な虚偽の表示をもたらす可能性を考慮します（監査基準第三、一、2）。その結果、企業の事業リスクに関連する項目がKAMとして取り上げられることは考えられます。しかし、KAMは、近い将来の損失の発生可能性等、事業リスクそのものを示すものではなく、監査人が識別した重要な虚偽表示リスクを低く抑えるために実施した監査のプロセスを示すものであり、監査の透明性を高めるため、監査報告書に記載することとされた事項といえます。

(2) KAMの記載内容

　監査報告書の「監査上の主要な検討事項」の区分にKAMとして記載される内容は、以下のとおりです（監基報701第12項）。

- 注記事項への参照（関連する財務諸表の注記事項がある場合）
- KAMの内容
- KAMに決定した理由
- KAMに対する監査上の対応

　ここで、KAMの内容や決定理由として、企業固有の要因が具体的に記載されることで、財務諸表利用者は、監査人が具体的に何に重点を置いて監査を実施したか、なぜ重点を置いたのか、どのような領域で重要な判断が行われたのかについて理解を深めることが可能になると考えられます。

　さらに、KAMの決定理由と監査上の対応が具体的に記載されることにより、

財務諸表利用者は，監査人の考察や虚偽表示リスクに対して，どのような監査
手続が実施されたかを理解することが可能となり，監査の透明性を高めること
が可能になると考えられます。

(3) KAMの決定プロセス

KAMは，監査人が監査の過程で企業の監査役等と協議した事項の中から，
特に注意を払った事項を決定し，さらに，当年度の監査において，職業的専門
家として特に重要であると判断した事項を絞り込んで決定します。

図表1-1 KAMの決定プロセス

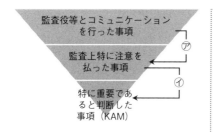

⑦　特に注意を払った事項を決定するにあたり監
査人は以下の項目等を考慮する（監基報701
第8項参照）

a.　特別な検討を必要とするリスクまたは重
要な虚偽表示リスクが高いと評価された
領域

b.　見積りの不確実性の程度が高い会計上の
見積りを含む，経営者の重要な判断を伴
う財務諸表の領域に関連する監査人の重
要な判断

c.　当年度に発生した重要な事象または取引
が監査に与える影響

⑦　特に重要であるかどうかは，当該監査におけ
る相対的な重要性を考慮して決定する（監基
報701 A28項）。

①　監査人が特に注意を払った事項の決定

まず，監査人は「監査役等とコミュニケーションを行った事項の中から，監
査を実施する上で監査人が特に注意を払った事項を決定」（監基報701第8項）
します。この検討において，監査人は，**図表1-1の⑦に記載されたaからc
の項目およびその他の項目を考慮して特に注意を払った事項を決定します。

なお，aからcの項目は相互に関係するため，監査役等とコミュニケーショ
ンを行った特定の事項が，これらの複数の項目に該当することがあり，そのよ

うな場合，監査人が当該事項をKAMとして識別する可能性は高まるといえます。一方，監査役等とコミュニケーションを行った事項には，aからcの項目に該当しない項目も含まれ，そのような項目が特に注意を払った事項となることもあります。

② 特に重要であると判断した事項の決定

　次に監査人は，**図表1-1**の④のとおり，監査上特に注意を払った事項の中から，さらに特に重要であると判断した事項を絞り込んでKAMを決定します。

　特に重要であると判断した事項は，個々の監査業務における相対的な重要性を考慮して決定するものとされています。つまり同じ規模や業種であっても，同一のKAMが選定されるとは限らず，個々の企業ごとに，当年度の監査における相対的な重要性によって判断される点には留意が必要です。なお，この場合に，同業他社等との比較において重要であるかどうか考慮する必要はないとされています（JICPA・KAMQ&A Q2-2，Q2-7）。

Q2　KAM導入の背景と目的

KAMはなぜ導入されたのでしょうか？

Answer Point

POINT

- 株主等に対する情報提供機能を充実させる観点から，監査報告書の透明性の向上を図るために，監査報告書においてKAMの記載を求める監査基準の改訂が行われました。

解　説

（1）諸外国の動向

　従来の監査報告書は監査人の意見を簡潔明瞭に記載する，いわゆる短文式監査報告書であり，財務諸表が適正に表示されているかどうかの意見表明を含め監査人の情報提供は定型化されていました。この短文式監査報告書は，一読すれば監査の結果については明らかとなりますが，監査の意見表明に至る過程が明らかではなく，情報提供機能に乏しいというデメリットがありました。

　監査報告書の改革は諸外国で先行しており，英国においては2012年10月1日以降に開始する事業年度から，国際監査基準（ISA）701「独立監査人の監査報告書における監査上の主要な事項のコミュニケーション」の適用国では2016年12月15日以降に終了する事業年度から，欧州連合（EU）では2016年6月17日

以後に開始する事業年度から，それぞれ導入が開始されています。また米国においても，SEC登録企業のうち時価総額7億ドル以上の大規模会社について，2019年6月30日以降に終了する事業年度から趣旨を同じくする基準の適用が開始されています。

(2) 日本における導入の背景

　日本においては先行する諸外国の動向に関する検討が行われていましたが，2015年に発覚した大手上場企業による不正会計事案を契機に会計監査の信頼性が問われることとなり，今後の会計監査のあり方について，経済界，学者，会計士，アナリストなど関係各界の有識者から提言を受けることを目的として，「会計監査の在り方に関する懇談会」が設置されました。2016年3月に，この懇談会において株主等に対する情報提供機能を充実させる観点から，監査報告書の透明化の提言がなされました。

　こうした中，2017年6月に金融庁より「監査報告書の透明化について」が公表され，監査報告書の透明化の具体的な検討と監査法人と一部の上場会社によるKAM試行の取組みが提言されました。

　その後，2017年10月より企業会計審議会監査部会において議論が進められ，2018年7月5日に企業会計審議会より「監査基準の改訂に関する意見書」においてKAMの記載を求める監査基準の改訂が行われました。KAMは2021年3月決算に係る財務諸表の監査から強制適用されますが，2020年3月期までの会社ではすでに48社がKAMの早期適用をしています。

(3) KAMの目的と効果

　KAMの目的は，監査人が実施した監査の透明化を向上させ，利用者にとって監査報告書の情報価値を高めることにあるといえます。そして，KAMを監査報告書に記載することにより，以下の効果が期待されるとされています

（JICPA・KAMQ&A「2.背景　(2)監査上の主要な検討事項の目的，期待される効果及び性質」第4項）。

- 財務諸表の利用者に監査の品質を評価する新たな検討材料が提供されることで，監査の信頼性の向上に資する効果
- 財務諸表の利用者の監査や財務諸表に対する理解が深まり，また，企業や財務諸表における経営者の重要な判断が含まれる領域を理解することに役立つことで，利用者と会社の経営者や監査役等との対話が促進される効果
- 監査人と監査役等，監査人と経営者との間での議論が深まり，リスクに関する認識の共有が促進されることにより，会社のリスクマネジメントの強化，ひいてはコーポレート・ガバナンスの強化につながる効果

Q3 KAMの適用範囲

KAMは，どのような企業の監査報告書に記載される
のでしょうか？

Answer Point

POINT

- KAMは，主に，広範な利用者が存在する金商
法に基づき開示を行っている企業（非上場企業
のうち資本金5億円未満または売上高10億円
未満かつ負債総額200億円未満の企業は除く）
の有価証券届出書，訂正届出書，有価証券報告
書，訂正報告書に含まれる財務諸表等の監査報
告書に記載されます。
- 当面の間，会社法の監査報告書への記載は求め
られていませんが，任意で記載することが可能
とされています。

（1）金商法監査の場合

　KAMは，図表3-1に記載している「監査証明府令第3条第4項各号に掲げ
る者」の「提出書類」に含まれる財務諸表等の監査報告書に記載されます（監
査証明府令第4条第9項）。「監査証明府令第3条第4項各号に掲げる者」は，
監査における不正リスク対応基準の適用対象と同じ範囲に当たり，いわゆる上
場企業と，非上場の有価証券報告書提出義務のある企業のうち一定の金額基準
に該当するものになります。

図表3-1　KAMの適用範囲となる提出者，提出書類

提出者	いわゆる上場企業（＊1）
監査証明府令第3条第4号各号に掲げる者	非上場の有価証券報告書提出義務のある企業のうち一定の金額基準に該当するもの

（＊1）監査証明府令第3条第4項第1号を参照。金商法第27条において準用する金商法第24条第1項の規定により有価証券報告書を提出しなければならない協同組織金融機関を含む。

提出書類

- 金商法第5条第1項（＊2）の規定により提出される**有価証券届出書**
- 金商法第7条第1項，第9条第1項または第10条第1項（＊2）の規定により提出される**訂正届出書**
- 金商法第24条第1項（＊2）の規定により提出される**有価証券報告書**
- 金商法第24条の2第1項（＊2）において読み替えて準用する同法第7条第1項，第9条第1項または第10条第1項の規定により提出される**訂正報告書**

（＊2）それぞれこれらの規定を金商法第27条において準用する場合を含む。

　非上場の有価証券報告書提出義務のある企業については，以下の金額基準で判定します。図表3-2の網掛け部分がKAMの適用対象となります。

図表3-2　非上場企業の金額基準

				最終事業年度の貸借対照表の負債総額	
				200億円未満	200億円以上
最終事業年度の貸借対照表の資本金	5億円未満			KAMの対象外	KAMの対象
	5億円以上	売上高*	10億円未満	KAMの対象外	KAMの対象
			10億円以上	KAMの対象	KAMの対象

（＊）「最終事業年度の損益計算書による売上高」と，「直近3年間に終了した各事業年度の損益計算書の売上高の合計額÷3」のうちいずれか大きい方の額

① 投資信託の受益証券等

投資信託の受益証券等のいわゆるファンド自体については，特定有価証券に該当し，金商法第5条第5項等に基づき有価証券届出書，有価証券報告書等を提出します。これは，**図表3-1**の提出書類に該当しませんので，有価証券届出書や有価証券報告書等に含まれるファンド自体の財務諸表等の監査報告書にはKAMは記載不要とされています。一方，ファンドの委託会社が**図表3-1**の提出者に該当し，有価証券届出書，有価証券報告書等を提出する場合には，監査報告書にKAMの記載が必要となります（2018年改正監査証明府令コメント対応 No.3）。

図表3-3 投資信託の受益証券等の扱い

ファンド自体の監査報告書	ファンドの委託会社の監査報告書
KAMの記載不要	委託会社が図表3-1の提出者に該当する場合，KAMの記載必要

② 新規上場の場合

新規上場の場合，金融商品取引所（以下，「取引所」という）に「新規上場申請のための有価証券報告書（Ⅰの部）」（以下，「Ⅰの部」という）を提出し，審査を受けます。Ⅰの部に含まれる財務諸表については，取引所の上場規程により金商法第193条の2の規定に準ずる監査が求められており，厳密には金商法に基づく監査ではありません。ただし，取引所による上場承認後，金商法に基づき，Ⅰの部とほぼ同内容の有価証券届出書の提出が必要となるため，取引所に提出する上場申請書類に含まれる監査報告書は，後日提出が予想される金商法に基づく監査報告書と同様であることが想定されていると考えられています（JICPA・KAMQ&A Q2-1）。

その後，公募または売出しにあたっては，有価証券届出書を提出することになります。この有価証券届出書に含まれる財務諸表の監査は金商法監査となりますので，**図表3-1**の提出者に該当すれば，KAMの適用対象となります。

なお，この時点では上場企業ではないため，非上場企業の金額基準により判断します。この場合の非上場企業の金額基準の「最終事業年度」は，上場申請直前事業年度により判断し，直前々期と直前期の両方に適用されます。例えば，直前々期がすでにKAMの監査基準の強制適用年度以後であることを前提とすると，直前期において図表3-2の金額基準でKAMの記載が必要と判断されれば，直前々期もKAMの記載が必要となります。一方，直前期において図表3-2の金額基準でKAMの記載が不要と判断されれば，直前々期，直前期の両方についてKAMの記載は不要となります（JICPA・KAMQ&A Q2-1）。

　上場後に最初に到来する事業年度に係る有価証券報告書に含まれる監査報告書については，KAMの記載が必要となります（JICPA・KAMQ&A Q2-1）。

（2）会社法監査の場合

　会社法監査においては，KAMの記載は求められておらず，当面，金商法の監査報告書においてのみ記載が求められています。これは，株主等と企業との間の対話の実効性を高める観点からは株主総会前にKAMが提供されることが望ましいものの，KAMの導入の初期段階においては記載内容についての監査人と企業の調整に一定の時間を要することが想定され，現行実務のスケジュールを前提とすれば，会社法上の監査報告書に記載するには実務的な負荷が大きいと考えられるためです（2018年改訂監査基準コメント対応 No.78～83）。

　なお，会社法上の監査報告書においても任意でKAMを記載することが可能とされており，2020年3月期の早期適用事例では，1社が任意適用を行いました。

虚偽表示とKAMの関係

KAMは，財務諸表に重要な虚偽表示が含まれていることを示す情報なのでしょうか？　また，未修正の虚偽表示はKAMになりますか？

Answer Point

POINT

- KAMは，財務諸表に重要な虚偽表示が含まれていることを示す情報ではありません。
- 未修正の虚偽表示は，ほかに識別している重点監査事項と比較衡量して相対的に重要であると判断された場合には，KAMになる可能性があります。

（1）KAMと除外事項の関係

　リスク・アプローチに基づく監査においては，識別された重要な虚偽表示リスク，すなわち重要な虚偽表示が生じる可能性のある事項に対して，実際に重要な虚偽表示が生じているかどうかについて，リスクが受入可能な程度に低められるまで証拠固め（監査証拠の収集：監査手続）を実施します。

　この過程で，仮に重要な虚偽表示が発見され，未修正のままとなっている場合，そのような事項について「……事項の……に及ぼす影響の重要性に鑑み，適正に表示していない」といった形式で，財務諸表に重要な虚偽表示が存在するという事実が「除外事項」として監査報告書に記載されます（監基報705第16

項，第17項）。監査人は，除外事項付意見を表明しなければならない状況において除外事項付意見を表明せず，除外事項に相当する事項をKAMとして報告してはならないこととされています（監基報701第11項）。

　これに対して，KAMは，重要な虚偽表示が発見されていない場合，また，発見されたとしても適時に修正されている場合に，あらかじめ仮定した重要な虚偽表示リスクに対して十分かつ適切な監査証拠を入手して監査を実施した過程を伝えるものです。

　したがって，KAMには，財務諸表のどこに重要な誤りが生ずる可能性が高いかを示唆するという側面はありますが，財務諸表に重要な虚偽表示それ自体が含まれていることを示す情報ではありません。監査意見に影響を及ぼすような重要な虚偽表示はKAMではなく，除外事項として示されることとなります。

(2) KAMと未修正の虚偽表示の関係

　監査の実務では，監査の過程で虚偽表示を発見した場合，経営者に修正を求めることになりますが，監査人と経営者の協議の結果，財務諸表の利用者の判断を誤らせるほどの重要性はないため，虚偽表示を修正しないと判断することがあります。このように虚偽表示に重要性がない場合には，修正されなくとも除外事項としては取り扱われませんが，監査人は，当該未修正の虚偽表示の検討過程がKAMに該当するか否かの検討を行います。

　この点，監査人は，未修正の虚偽表示がKAMに該当するかについて，職業的専門家として特に重要であるか否かという観点から判断します。ここでの特に重要であるとは，相対的重要性，すなわち監査人が検討している複数のKAMの候補を比較衡量して，当年度の監査において相対的に重要な項目をKAMとして選定することになります。

　したがって，未修正の虚偽表示が存在する場合でも，それが必ずKAMにな

るわけではなく，その虚偽表示の内容や発生状況，当該監査手続に要した時間
などを，ほかに検討しているKAM候補と比較して重要であると判断される場
合にKAMとして選定されることになります。

Q5　ネガティブ情報とKAMの関係

KAMは，近い将来の損失の発生可能性等，企業にとってネガティブな情報を監査人が報告するものなのでしょうか？

·**Answer Point**·······

POINT

- KAMは，近い将来の損失の発生可能性等，事業リスクそのものを示すものではなく，監査人が識別した重要な虚偽表示リスクを低く抑えるために実施した監査のプロセスを示すものです。また，KAMは企業にとってネガティブな情報を報告するものでなく，むしろ重要な虚偽表示リスクというネガティブな可能性が許容可能な水準に低められていることを示すものです。

（1）重要な虚偽表示リスク等に関する監査のプロセスに関する情報提供

　KAMは，重要な虚偽表示リスクを含む監査の重点事項のうち，監査人が特に重要と判断した事項をいいます。すなわち，KAMの記載によって，例えば「●●について会計処理の重要な誤りが生じる可能性（重要な虚偽表示リスク）を識別していますよ」「監査人は仮定した重要な虚偽表示リスクに対して実際に重要な虚偽表示が生じていないことを確かめるために，このように対応していますよ」といった，監査上の重点事項の識別と対応のプロセスに関する情

提供を行うものです。KAMは，「●●について事業上の重要な損失が生じる可能性がありますよ」という情報提供を目的とするものではありません。

　わが国における一般に公正妥当と認められている監査の基準のもとでは，リスク・アプローチに基づく監査の実施が想定されています。リスク・アプローチに基づく監査とは，重要な虚偽表示が生じる可能性が高い事項に重点的に監査資源を投入するアプローチであるため，重要な虚偽表示リスクを識別せずに監査が実施されることは通常想定されていません。言い換えれば，どの企業の監査においても，その企業の実情に則して重要な虚偽表示リスクを仮定して監査が行われます。

　重要な虚偽表示リスクという用語は，「誤りがあるかもしれない」というややもすれば後ろ向きな発想に基づくものですが，監査が実施される場合にはどの企業においても共通して識別される一般的な仮定ですので，「重要な虚偽表示リスクが識別される」と監査人にいわれても，常に「一大事」と構えて考える必要はありません。

(2) KAMと重要な虚偽表示リスク

　重要な虚偽表示リスクに関する監査の重点事項がKAMとして取り上げられている場合，KAMの記載内容のうち監査上の対応に関しては，重要な虚偽表示リスクという「重要な虚偽表示が生じているかもしれない」というネガティブな可能性を許容可能な水準に低めるための監査手続がどのように行われたかについて記載が行われることとなります。

　つまり，KAMは重要な虚偽表示の発生という企業にとってのネガティブな可能性が監査人の対応によって低められていることを報告するものであり，結果として，企業にとって肯定的な情報を報告するものと解されます。

特別な検討を必要とするリスクとKAM の関係

特別な検討を必要とするリスクは，必ずKAMになりますか？

Answer Point

POINT

● 特別な検討を必要とするリスクとして識別した監査対象項目が，KAMとして選定されるケースは多いと考えられますが，必ずしもKAMとして選定されるわけではありません。

(1) 特別な検討を必要とするリスクとは何か

　特別な検討を必要とするリスクとは，財務諸表項目レベルにおける重要な虚偽表示リスクの評価において，虚偽の表示が生じる可能性と当該虚偽の表示が生じた場合の影響の双方を考慮して，固有リスクが最も高い領域に存在すると評価したリスクをいうとされています（「監査基準の改訂に関する意見書」2020年11月6日）。

　監査人は，監査の過程において，重要な虚偽表示リスクを識別し評価する基礎を得るために，リスク評価手続を実施します。そのリスク評価の過程で，監査人の判断により，識別した重要な虚偽表示リスクが特別な検討を必要とする

リスクであるかどうかを決定します。

　監査人が，特別な検討を必要とするリスクであると判断した項目は，多くの場合，企業再編取引などの重要な非定型取引や，固定資産の減損，繰延税金資産の回収可能性などの会計上の見積り項目といった，一般的に重要な虚偽表示リスクの程度の高い項目であるため，発見リスクを低めて監査リスク全体を許容可能な水準まで低めるために，通常よりも証明力の強い監査証拠を入手する必要があります。

(2) 特別な検討を必要とするリスクとKAMの関係

　監査人は，識別した特別な検討を必要とするリスクに対して，他の監査項目よりも証明力の強い監査証拠を入手すべく，重点的に監査手続を実施します。このため，特別な検討を必要とするリスクとして識別した監査項目は，監査人が職業的専門家として特に注意を払った領域であるといえます。監査人が職業的専門家として特に注意を払った事項から特に重要なものがKAMとして選定されるため，特別な検討を必要とするリスクは，通常，KAMの候補となることが多いと考えられます。

　しかしながら，KAMは，監査人が検討している複数のKAM候補を比較衡量して，当年度の監査において相対的に重要な項目として選定されるものであり，特別な検討を必要とするリスク以外にも監査人が特に注意を払った事項が存在し，当該事項が特別な検討を必要とするリスクよりも相対的に重要であると監査人が判断した場合には，特別な検討を必要とするリスクはKAMとして選定されないこともあります。このように，特別な検討を必要とするリスクはKAMの候補であるものの，常にKAMとなるわけではありません。

　なお，監基報によって特別な検討を必要とするリスクとして扱うことが求められている領域（収益認識に係る不正リスクの推定，経営者による内部統制の無効化リスク）についても同様に，KAMとなるか否かは，監査人が特に注意を払っ

た事項か否かで判断するものであり，特別な検討を必要とするリスクであることをもって直ちにKAMとなるわけではありません。

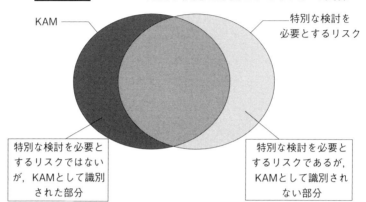

図表6-1　KAMと特別な検討を必要とするリスクの関係

KAM

特別な検討を
必要とするリスク

特別な検討を必要と
するリスクではない
が，KAMとして識別
された部分

特別な検討を必要と
するリスクであるが，
KAMとして識別され
ない部分

Q7 不正とKAMの関係

当社では従業員による不正が発生しました。不正も
KAMになるのでしょうか？

Answer Point

POINT

- 監査人は，財務諸表に重要な影響を与える不正
  または不正の疑いについて，監査役等とコミュ
  ニケーションを行う必要があります。KAMは
  監査役等とコミュニケーションを行った事項か
  ら絞り込まれる形で決定されるため，当該不正
  に関する事項は，KAMとなる可能性がありま
  す。
- 不正に関する事項がKAMとなるかどうかは，
  他の項目との相対的な重要性に基づき決定され
  ます。

解説

(1) KAMとなる可能性

　監査人は，財務諸表に重要な影響を与える不正または不正の疑いについて，
監査役等とコミュニケーションを行うことが求められています（監基報240第
F39-2項～第41項）。KAMは，監査役等とコミュニケーションを行った事項か
ら，特に注意を払った事項，さらに特に重要な事項を絞り込む形で決定されま
す。そのため，財務諸表に重要な影響を及ぼす不正に関する事項は，KAMと

なる可能性があります。

　当該不正に関する事項がKAMとなるかどうかは，不正の内容と金額的重要性および質的重要性，監査手続への影響などを考慮して，他の項目との相対的な重要性に基づき判断する形になると考えられます。

　不正が発見された場合，会社の管理部などで社内調査が行われるほか，状況に応じて，内部の調査委員会や第三者委員会が設置されて，内容や原因，影響などが調査されます。監査人は，この調査結果なども利用して，不正の内容や影響範囲などを検討します。その際には，すでに判明している不正以外に，他の拠点，他の同様の取引，他の担当業務などにおいて，同様の不正が生じていないかどうかの検討が必要になります。財務諸表に影響を与える範囲が広い場合，監査手続にも時間を要することになるため，KAMとなる可能性が高くなります。

　なお，経営者が不正を行っていた場合には，従業員による不正に比べ，修正すべき事項が広範囲で金額も多額になる可能性が高く，KAMとなる可能性が高いと考えられます。

　また，不正の内容によっては，監査人側でITや不正調査などの専門家を利用することもあります。他の事項と比べて専門的な知識を要する場合や監査時間を要する場合，KAMとなる可能性が高くなります。

　なお，ここではKAMとなる可能性について記載していますが，影響範囲によっては，そもそも監査意見を表明するために十分かつ適切な監査証拠を得られているかどうかという観点から，財務諸表に対する監査意見の範囲を限定する「限定意見」や，財務諸表に対する意見の表明自体をしない「意見不表明」となる可能性もあります。限定意見の場合には，その原因となった事項はKAMとしては記載せず，限定意見の根拠に記載することになります（監基報701第11項）。また，意見不表明の場合にはKAMを記載してはならないとされ

ています（監基報705第28項）。

（2）訂正報告書への対応

　財務諸表に影響を及ぼす不正が発見された場合，その年度の財務諸表だけではなく過年度の財務諸表にも影響を及ぼすことが多いと考えられます。会社が訂正報告書において財務諸表の訂正を行った場合には，訂正後の財務諸表に対して監査証明が必要となります（金商法第193条の2第1項，監査証明府令第1条第15号）。

　有価証券報告書の訂正報告書に含まれる財務諸表の監査報告書には，KAMを記載する必要があります（Q3参照）。なお，訂正報告書の財務諸表の監査は，訂正対象となる事業年度に適用される監査基準に基づき実施されます（JICPA・KAMQ&A　Q2-17）。そのため，訂正対象となる事業年度の監査が法令または監査契約によりKAMの記載が求められている場合には，その対象年度の監査報告書について，KAMの記載が求められることとなります。

　監査報告書へのKAMの記載にあたり，監査人は，KAMの記載内容の追加または修正の要否を検討します。その結果，追加または修正が必要と判断した場合には，追加または修正を加えたKAMを訂正報告書に含まれる財務諸表の監査報告書に記載することになります（JICPA・KAMQ&A　Q2-17）。

Q8 　内部統制とKAMの関係

どのような場合に内部統制に関するテーマがKAMに選定される可能性がありますか？
　また，当期の監査において内部統制の重要な不備が識別された場合，当該不備はKAMとして監査報告書に記載されるのでしょうか？

Answer Point

POINT

- 内部統制の大幅な変更を伴う組織再編やITシステムの新規導入または大幅な変更などが行われた場合，それがKAMの決定理由となることがあります。

- さらに，会社の事業内容がITに大きく依存している場合に，ITに関する記述がKAMの決定理由や監査上の対応に含まれることがあります。

- 内部統制の重要な不備がある場合も，その存在そのものがKAMとなるのではなく，関連する重要な虚偽表示リスクが最終的に特に重要であると判断され，その結果，KAMとして選定した理由や監査上の対応において内部統制に関する記述が含まれることはあるものと考えられます。

（1）内部統制に関して特に重要と判断した事項とKAM

　監査の実施にあたり「監査人は，監査に関連する内部統制を理解しなければ
ならない」（監基報315第11項）とされています。また，監査人は，立会，確認
や証憑突合などの詳細テストや分析的実証手続といった実証手続だけでなく，
多くの場合，内部統制の運用評価手続を実施することにより監査証拠を入手し
ます。

　内部統制の評価手続によりどの程度の監査証拠を入手するかは個々の企業の
監査により異なりますが，特に会社の業務内容がITに大きく依存している場
合や組織の情報システムがITを高度に取り入れている場合には，IT専門家を
利用して，多くの監査時間が投入される場合があります。また，会社の内部統
制の大幅な変更を伴う組織再編やITシステムの新規導入または大幅な変更な
どが行われた場合には，内部統制を理解し，その有効性を評価することが，監
査上特に重要となる場合があります。

　監基報260第13項において「監査人は，計画した監査の範囲とその実施時期
の概要について，監査役等とコミュニケーションを行わなければならない」と
され，また，同A13項において「監査に関連する内部統制についての監査人の
監査アプローチ」が監査役等とコミュニケーションを行う事項として示されて
います。

　したがって，監査人が，対象企業における監査上，重要な虚偽表示リスクに
対する内部統制の検証に特に注意を払い，当年度の監査において特に重要であ
ると判断した場合，当該事項がKAMとして選定されることは十分あるものと
考えられます。

　具体的に2020年3月期までにKAMの早期適用を行った会社においても，収益認識に関連するITシステムの評価や新システムへの移行について，それが関連する財務諸表項目の重要性の点から当該システムの評価をKAMの対象としている事例がみられました。

(2) 内部統制の重要な不備とKAM

　内部統制の重要な不備は，「監査人が職業的専門家として，監査役等の注意を促すに値するほど重要と判断した内部統制の不備又は不備の組合せ」（監基報265第5項(2)）とされています。そして，内部統制に不備が識別され，それが重要な不備に該当すると判断した場合，監査人は，当該重要な不備について，適時に，書面により監査役等に報告しなければならないとされています（同第8項）。

　このように，内部統制の重要な不備については，監査役等とコミュニケーションを行うことが求められているため，通常，KAMを選定する際の母集団，すなわち「監査役とコミュニケーションを行った事項」に含まれると考えられます。

　しかし，KAMは，内部統制の重要な不備を報告することを目的とするものではないため，内部統制の重要な不備の存在そのものがKAMとなるわけではないとされている点には留意が必要です（JICPA・KAMQ&A Q2-4）。つまり，KAMは，監査人が識別した重要な虚偽表示リスクに対し，十分かつ適切な監査証拠を入手して監査を実施した過程を伝えるものですが，内部統制の重要な不備の存在そのものは，虚偽表示リスクの評価やそれに対する監査手続に影響を与えるものの，それ自体がKAMとなるものではありません。

　ただし，内部統制の重要な不備はKAMそのものではないものの，例えば，運用評価手続の実施過程で会社の内部統制が意図したとおりには運用されていないことが判明した場合，不正または誤謬の識別により内部統制の有効性を再

評価する必要が生じた場合，または，内部統制に不備があることにより内部統制に依拠した監査が実施できず，実証手続の追加や実施範囲の拡大といった対応が必要とされる場合に，KAMの決定理由に当該内部統制の状況の説明が含まれることがあるとされています。なお，内部統制の重要な不備が開示すべき重要な不備である場合は，内部統制報告書や内部統制監査報告書に当該不備の記載が求められているため，これをKAMの決定理由として取り扱う場合には，内部統制監査報告書の強調事項や意見に参照を付すことがあると考えられます（JICPA・KAMQ&A Q 2 - 4 ）。

Q9　KAMの監査に与える影響

KAMの適用により，これまでと比べて監査手続は大きく変わるのでしょうか？

··Answer Point·········

- KAMは，監査のプロセスに関する情報を監査報告書に記載することによって監査の透明性を高め，監査報告書の情報価値を高めるものです。そのため，KAMの適用により，監査手続それ自体が大きく変わるものではありません。

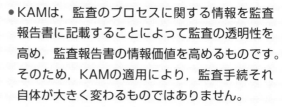

- しかし，KAMの決定にあたり，監査人が企業についての理解を整理することや，KAMの候補について監査役等や経営者とディスカッションを行うことを通じて，企業の実態に適合した重要な虚偽表示リスクの評価および対応が行われるとともに，従来に比べて監査人と監査役等および経営者とのコミュニケーションが充実することが期待されます。

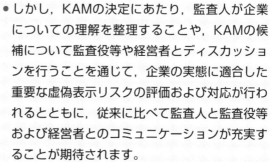

POINT

解　説

　KAMは，監査人が監査において重点を置いた個々の会社の監査に固有の情報を記載することにより，実施された監査の透明性を高め，監査報告書の情報価値を高めることを目的としています。

　このKAMの目的からすると，従来から実施されている監査のプロセスを監査報告書に記載するということですので，KAMが導入されたからといって監査手続が大きく変わるものではありません。

　しかし，KAMの記載にあたっては，KAMの内容に加え，決定理由を一般の利用者にわかりやすく説明する必要があります。KAMを決定するにあたり，監査人は，あらためて企業の事業内容や事業環境に照らし，監査の重点事項を整理することが考えられます。この過程を通じて，監査人の会社の事業内容や事業環境に対する理解がより深まるものと思われます。

　また，監査役等や経営者にKAMの候補や草案を提示してディスカッションを行うことを通じて，監査人と会社側双方において，何が重要なリスクであるのか，また，どこに重要なリスクがあるのかに関する理解が深まることが考えられます。その結果，監査人にとっては，企業の理解の深化を通じて，企業の実態に適合した深度のある重要な虚偽表示リスクの評価および対応が行われることが期待されます。

　なお，KAMの早期適用事例では，「KAMの導入による変化及び効果」として，監査役等および財務諸表作成責任者の双方から，経営者，監査役等，監査人間においてコミュニケーションの深度が増したとの回答が大半を占めているとの報告があり，監査人と監査役等および経営者とのコミュニケーションが充実する傾向がみてとれます（JICPA早期適用事例分析レポート 5(2)①）。

Q10 KAMの個数と分量

KAMの個数や記載分量には，どのような特徴があり
ますか？

Answer Point

POINT

- KAMの個数や文章量の目安は設けられていま
せん。財務諸表利用者にわかりやすいように，
会計処理の背景となる詳細な情報を記載したり，
過度に専門的な監査用語の使用を避けて簡潔に
記載する等，適度な詳細さと簡潔さのバランス
のある文章にすることが重要です。

（1）KAMの個数

　KAMは監査役等とコミュニケーションを行った項目の中から相対的な重要
性によって決定されることになるため，個数についての目安は設けられていま
せん（JICPA・KAMQ&A Q 2 - 7 ）。監査人は企業の事業内容や事業環境を踏ま
えて，財務諸表において虚偽表示となるリスクの高い領域や経営者の重要な判
断を伴う領域等を絞り込んでいきますが，その中でも，職業的専門家として特
に重要であると判断した事項がKAMとなりますので，必然的に数は限定され
ます。

　2020年 3 月期までに早期適用を行った48社の統計では，連結財務諸表では

KAMの個数は1～5個であり2個の事例が22社と最も多く，個別財務諸表ではKAMの個数は0～3個であり，1個の事例が29社と最も多い結果となっています（JICPA早期適用事例分析レポート図表5-1，図表5-2）。

(2) KAMの文章の分量

　KAMの記載分量についても，JICPA・KAMQ&A Q2-7に示されているように目安はありません。早期適用事例において，例えば，KAMの内容および決定理由については5～10行で簡潔に記載されているものもあれば，20行～40行にわたって詳細に説明されているものも見受けられます。

　しかしながら，監査報告書の利用者のうち企業の外部者は，企業内部者および監査人と比較して企業に関する十分な知識を有していないため，簡潔な記載のみでは，KAMの内容および決定理由，特になぜこの事項がKAMとして取り上げられたのか，その背景を十分に理解できないことが多いのではないかと考えられます。

　KAMは想定される財務諸表の利用者が監査人の判断に対する理解を深められるよう，企業固有の状況や経済情勢等を記述することが重要です。また，財務諸表の注記の情報を示すことにより，KAMの背景となる情報を提供し，利用者が理解できるようにすることも重要と考えられます。一方で，記載があまりに冗長にならないようにするとともに，監査手続については専門用語を避け簡潔に要約することで，わかりやすい記載にする配慮が重要です。

　早期適用事例のKAMにおいては，企業固有の状況や経済情勢の背景も含めどこにリスクを識別したのかについて具体的な記載をしている事例があった一方で，最低限の情報しか記載されていない汎用的な記載にとどまっている事例も混在していました。今後どのようなKAMの記載をするのかは監査人の腕の見せ所となりますので，KAMの導入を契機に監査報告書に対する注目が集まることでしょう。

Q11　KAMがないと判断する場合

監査人が，監査報告書において報告すべきKAMがないと判断するケースはありますか？

Answer Point

POINT

● 監査報告書において報告すべきKAMがないと判断することはまれであり，少なくとも1つは存在していると考えられます。また，企業の実質的な事業活動が極めて限定される状況においては，KAMがないと監査人が判断することはあり得ます。

　監査人がKAMの候補を検討する中で，「記載すべきKAMが見当たらない」という声を聞くことがあります。監基報701 A59項においては，「監査報告書において報告すべき監査上の主要な検討事項がないと判断することはまれであり，少なくとも1つは存在していると考えられる。」と記載されているものの，企業の実質的な事業活動が極めて限定される状況においては，監査人が特に注意を払った事項がないため，「監査上の主要な検討事項がないと監査人が判断することがある」とされています。

（1）個別財務諸表に対する監査報告書のKAM

　個別財務諸表においても，事業活動を行っている企業であればKAMは少なくとも1つは存在していると考えられますが，例えば純粋持株会社については単体での事業活動は限られています。そのような会社であっても関係会社に対する投資・融資や経営指導，連結納税，債務保証等の取引が発生します。純粋持株会社であっても，関係会社に対する投融資の評価や収益認識，移転価格や繰延税金資産等の税務上の論点，偶発債務等，監査上留意すべき点があるため，監査役等とコミュニケーションを行った事項の中に特に注意を払う事項がないか否かを慎重に検討することが求められます。

　2020年3月期までにKAMを早期適用した48社のうち，個別財務諸表に対する監査報告書に関して，10社についてはKAMの記載がありませんでした。10社はいずれも純粋持株会社形態の会社です。

　一方で，他の早期適用会社においては，純粋持株会社であっても投資の帳簿価額に含まれる超過収益力の算定を論拠としてKAMにしている例や，投資の評価が実際に重要な虚偽表示リスクが高いと評価される状況にはないとしても，純粋持株会社では重要な監査領域となることや財務諸表における金額的重要性が高いこと等を論拠としてKAMにしている事例もありました。

　以下は，早期適用の具体的な事例です。この事例では，関係会社株式が貸借対照表の大部分を占めること，超過収益力の算定には見積りの不確実性や経営者の重要な判断を伴うことをKAMの決定理由とし，関係会社株式の減損損失の計上をKAMとしている例です。監査上の対応においては，投資に係る減損判定プロセスの内部統制の整備・運用状況の有効性の評価について記載し，超過収益力の評価については連結財務諸表上の「のれん」等として計上されることから，連結財務諸表のKAMを参照しています。

事例11-1　第一生命ホールディングス㈱（監査人：あずさ，2020年3月期）

個別（日本基準）

関係会社株式の減損損失の計上に関する判断	
監査上の主要な検討事項の内容及び決定理由	監査上の対応
第一生命ホールディングス株式会社の当事業年度の貸借対照表において「関係会社株式」1,495,987百万円が計上されている。このうち時価の把握が困難な関係会社株式の一部には超過収益力を反映して取得したものが含まれる。 　客観的な時価の把握が困難な有価証券については，実質価額が取得価額よりも著しく下落した場合，減損処理される。 　（重要な会計方針）１.資産の評価基準及び評価方法(1)有価証券の評価基準及び評価方法に記載されているとおり，減損判定の基礎となる実質価額の算定にあたっては，買収等により取得した会社の純資産額に超過収益力が加味されることもある。関係会社株式は，貸借対照表の大部分を占める上，超過収益力の算定には見積りの不確実性や経営者の重要な判断を伴う。 　以上を踏まえ，当監査法人は，当該関係会社株式の減損損失の計上に関する判断が，当事業年度の財務諸表監査において特に重要であり，「監査上の主要な検討事項」に該当すると判断した。	当監査法人は，当該関係会社への投資に係る減損判定プロセスに関して，第一生命ホールディングス株式会社が構築した関連する内部統制の整備・運用状況の有効性を評価した。 　また，当該関係会社株式に含まれる超過収益力は，連結財務諸表上の「のれん」等として計上される。当監査法人は，主に，連結財務諸表に係る監査報告書における監査上の主要な検討事項「買収により計上したのれんの減損損失の計上に関する判断」に記載の監査上の対応を実施した。

（出所：第一生命ホールディングス㈱　有価証券報告書-第118期（2019年4月1日-2020年3月31日））

（2）連結財務諸表に対する監査報告書のKAM

　2020年3月期までの早期適用事例のうち，連結財務諸表に対する監査報告書ではKAMが存在しないという事例はなく，「企業の実質的な事業活動が極めて限定される状況にない限り」（監基報701 A59項），KAMがないということは想定されないという考え方に基づくものと考えられます。

（3）KAMとして決定した事項を監査報告書において報告しない場合

　極めて限定的ですが，監査人がKAMとして決定した事項を監査報告書において報告しない場合もあります。監基報701第13項では，以下のいずれかに該当する場合には監査報告書にKAMを記載しないことが想定されています。
　①　法令等により，当該事項の公表が禁止されている場合
　②　極めて限定的ではあるが，監査報告書において報告することにより生じる不利益が公共の利益を上回ると合理的に見込まれるため，監査人が当該事項について報告すべきでないと判断した場合

　これらに該当する事例については，監査人はKAMとして決定した事項を監査報告書に記載しないことになりますが，②では極めて限定的との前置きもあり，結果として監査報告書において報告すべきKAMがないと判断することはまれであると思われます。このような場合，実務的には公表禁止事項や不利益となる事項に該当しないようKAMの記載を見直したうえで，監査報告書にKAMとして報告することになると考えられます。

（4）監査報告書の利用者への情報提供機能としてのKAM

　KAMの導入は監査プロセスの透明性を高めることが目的ですので，KAMが記載されない場合には財務諸表利用者にとって監査報告書の情報価値が高まらないことになってしまいます。監査報告書の利用者に有益な情報を提供するという目的に照らして適切な判断を行うことが監査人に期待されています。

　状況によっては，実施した監査手続の内容等に照らして特に重要な事項が見当たらないと監査人が考えるような場合であっても，財務諸表における金額の重要性，資金調達が事業継続に及ぼす可能性，偶発債務の可能性，関連当事者取引等の観点から，監査人は，監査報告書の利用者に説明すべき監査上の重要事項がないのか，KAMを本当に記載しなくてもよいのかどうかについて，監査報告書の利用者のニーズに沿って検討する必要があると考えられます。

Q12 連結財務諸表のKAMと個別財務諸表のKAM

連結財務諸表と個別財務諸表を作成している場合，連結財務諸表の監査報告書だけでなく，個別財務諸表の監査報告書にもKAMの記載が必要となるのはなぜでしょうか？ また，連結と個別のKAMの内容が同一である場合でも記載が必要でしょうか？

Answer Point

POINT

- 個別財務諸表特有の事項について利用者へ情報提供を行う観点から，個別財務諸表の監査報告書についてもKAMの記載が求められています。
- 連結財務諸表と個別財務諸表の監査報告書のKAMが同一の内容である場合には，個別財務諸表の監査報告書においてその旨を記載し，当該内容の記載を省略することができます。

解　説

（1）個別財務諸表の監査報告書への記載の必要性

　連結財務諸表を作成している場合における個別財務諸表の監査報告書へのKAMの記載の必要性については，監査基準の改訂にあたり，企業会計審議会においても議論となりました。最終的には，単体そのものの信用力に対して高い関心を持つ社債権者に対する情報提供の観点，配当可能利益に影響のある事項，連結財務諸表には表れない親子会社間取引等に関する情報提供の観点等から，個別財務諸表は連結財務諸表と同様に重要であるとの意見もあり，個別財

務諸表の監査報告書においてもKAMの記載が求められることとなりました（2018年改訂監査基準コメント対応　No.85～87）。

　また，連結財務諸表の監査と個別財務諸表の監査では，監査人が特に重要と判断した事項が異なることも想定されます。そのため，それぞれの監査報告書にKAMを記載することは財務諸表の利用者にとって有益であり，この点からも個別財務諸表への監査報告書にKAMの記載が必要といえます。

（2）連結財務諸表と個別財務諸表の監査報告書のKAMが同一である場合

　連結財務諸表および個別財務諸表の監査を実施しており，連結財務諸表の監査報告書において同一内容のKAMが記載されている場合には，個別財務諸表の監査報告書においてその旨を記載し，当該内容の記載を省略することができます（監基報701第12項ただし書）。この場合には，監査報告書に「監査上の主要な検討事項」の見出しを付した区分を設けて，その旨を記載する必要があります（監基報701第15項）。

　内容がどの程度同じであれば「同一」といえるかについては，以下のような考え方が示されています（2018年改正監査証明府令コメント対応　No.4）。
- 必ずしも完全に同一の文言となる場合に限定するわけではなく，形式的な文言は異なるが実質的に同一である場合（例えば「連結会計期間」と「会計期間」等）は省略することができる。
- 金額が相当程度異なるなど，実質的に内容が異なる場合には，それぞれ記載する必要がある。

（3）連結財務諸表と個別財務諸表の監査報告書のKAM

　個別財務諸表における情報は，通常，連結財務諸表を構成するため，当年度の監査において特に重要な事項は共通することが多いと考えられます。しかし，以下のような場合には，連結財務諸表の監査報告書と個別財務諸表の監査報告

書でKAMの項目が異なることが考えられます（JICPA・KAM Q&A Q 2 - 8 ）。

- 連結財務諸表と個別財務諸表で影響を与える内容が異なる場合（連結財務諸表の監査においては，のれんの減損の見積り，個別財務諸表の監査においては関係会社株式の評価となる場合等）
- 連結財務諸表の監査においては相対的な重要性によりKAMとならないが，個別財務諸表の監査における相対的な重要性ではKAMとなる場合

（4）早期適用事例における状況

2020年 3 月期までの早期適用事例では，連結財務諸表作成会社のうち，個別財務諸表の監査報告書のKAMにおいて，同一内容のため記載を省略している旨を記載している会社（個別財務諸表におけるKAMに関連する金額等を記載したうえで省略している旨を記載している会社を含む）が11社ありました（JICPA早期適用事例分析レポート 3 (2)③）。

連結財務諸表と個別財務諸表の監査報告書でKAMの項目が異なる例としては，下記の事例のように，連結財務諸表の監査においてはのれんの評価をKAMとするが個別財務諸表の監査においては関係会社株式の評価をKAMとする場合など，連結財務諸表と個別財務諸表の影響内容の相違によるものがありました。

事例12- 1　住友商事㈱（監査人：あずさ，2020年 3 月期）

連結（IFRS基準）

欧米州青果事業における無形資産の評価	
監査上の主要な検討事項の内容 及び決定理由	監査上の対応
住友商事株式会社の当連結会計年度の連結財政状態計算書において，無形資産288,913百万円が計上されており，総資産に占める割合は 4 ％である。こ	当監査法人は，欧米州青果事業における無形資産の評価に関連する使用価値の見積りの合理性を評価するため，主に以下の監査手続を実施した。

れには注記13に記載のとおり，欧米州青果事業を営むFyffes社の取得に伴って発生したのれんを含む無形資産（耐用年数を確定できる無形資産を除く。）41,525百万円が含まれている。当該無形資産は，資金生成単位グループであるバナナ＆パイン事業，メロン事業及びマッシュルーム事業に配分されており，それぞれの配分額は31,285百万円，3,524百万円及び6,716百万円である。

のれん及び耐用年数を確定できない無形資産は，各年次において減損テストを実施することが求められる。減損テストにおける回収可能価額の算定にあたっては，使用価値と処分コスト控除後の公正価値のいずれか高い方が採用され，回収可能価額が帳簿価額を下回った場合は減損損失が計上される。

当連結会計年度においては，年次の減損テストの結果，バナナ＆パイン事業，メロン事業及びマッシュルーム事業のそれぞれについて，資金生成単位グループから生じると見込まれる将来キャッシュ・フローの現在価値（使用価値）が帳簿価額を上回ったため，減損損失は計上されていない。

各資金生成単位グループの使用価値の見積りにおいては，各事業の事業計画の基礎となる将来の販売数量及びマージン，並びに割引率といった経営者による主要な仮定が使用されている。使用価値の見積りは，これらの仮定による重要な影響を受けるため，高度な不確実性を伴う。また，特にバナナ＆パイン事業及びマッシュルーム事業に

（1）内部統制の評価

のれん又は耐用年数を確定できない無形資産を含む資金生成単位グループの減損損失の認識の要否の判定に関連する内部統制の整備・運用状況の有効性を評価した。

（2）使用価値の見積りの合理性の評価

使用価値の見積りの基礎となるバナナ＆パイン事業，メロン事業及びマッシュルーム事業の事業計画の策定にあたって採用された主要な仮定の合理性を評価するため，その根拠について経営者及び各事業の責任者に対して質問を実施したほか，主に以下の手続を実施した。

• 各事業の将来の販売計画の前提となる販売数量及びマージンの仮定について，過去の実績販売数量及び実績マージンと比較するとともに，外部の調査機関が公表した将来予測が入手可能な事業については当該外部情報との整合性を確認することにより，経営者の仮定を批判的に検討した。

• 事業計画に含まれる主要な仮定である販売数量及びマージンの合理性についての評価結果や，各事業の過去の事業計画の達成状況と差異要因についての検討結果等を踏まえて，事業計画に一定の不確実性を織り込んだ場合の将来キャッシュ・フローを独自に見積った。そのうえで，経営者による見積りとの比較や減損損失の認識の要否

ついては，回収可能価額が帳簿価額を上回る余裕部分がそれぞれ10,559百万円及び8,349百万円であり，仮定が変動した場合に減損損失の認識が必要となる可能性がある。

以上から，当監査法人は，欧米州青果事業における無形資産の評価に関連する使用価値の見積りが，当連結会計年度の連結財務諸表の監査において特に重要であるため，同事業の無形資産の評価が「監査上の主要な検討事項」の一つに該当すると判断した。

の判定に与える影響について検討した。

また，主要な仮定である割引率について，当監査法人が属する国内ネットワークファームの評価の専門家を利用して，割引率の算定方法の適切性を評価するとともに，インプットデータを外部の情報源と照合した。加えて，インプットデータを変動させた場合の減損損失の認識の要否の判定に与える影響について検討した。

（連結財務諸表の監査報告書のKAM3項目のうち1項目を抜粋している。）

個別（日本基準）

欧米州青果事業を営む関係会社に対する投資の評価	
監査上の主要な検討事項の内容及び決定理由	監査上の対応
住友商事株式会社の当事業年度の貸借対照表において，関係会社株式1,626,911百万円が計上されており，これには，欧米州青果事業を営むFyffes社の持分を保有する中間持株会社に対する投資が含まれる。 時価を把握することが極めて困難と認められる株式は取得原価をもって貸借対照表価額とするが，当該株式の発行会社の財政状態の悪化により実質価額が著しく低下したときは，相当の減額を行い，当期の損失として処理しなければならない。住友商事株式会社においては，中間持株会社に対する投資の評価にあたり，Fyffes社が営む欧米	当監査法人は，欧米州青果事業を営む関係会社に対する投資の評価について，中間持株会社の財政状態にFyffes社が営む欧米州青果事業からの超過収益力等を反映した価額で実質価額が算定され，著しい低下の有無が検討されていることを確認した。また，当該実質価額の算定に重要な影響を与える同事業に係るのれん及び無形資産を含む資金生成単位グループの使用価値の見積りについて，連結財務諸表に関する監査上の主要な検討事項「欧米州青果事業における無形資産の評価」に記載の監査上の対応を実施した。

州青果事業からの超過収益力等を反映した価額で実質価額を算定している。

　超過収益力等を反映した実質価額の算定に関連して，連結財務諸表上，Fyffes社の取得に伴って発生したのれん及び耐用年数を確定できない無形資産について，年次の減損テストが行われている（連結財務諸表に関する監査上の主要な検討事項「欧米州青果事業における無形資産の評価」参照）。減損テストにおける使用価値による回収可能価額の見積りには，各事業の事業計画の基礎となる将来の販売数量及びマージン並びに割引率といった，経営者による主要な仮定が使用されており，高度な不確実性を伴う。

　以上から，当監査法人は，欧米州青果事業を営む関係会社に対する投資の実質価額の算定に関連する，同事業に係るのれん及び無形資産を含む資金生成単位グループの使用価値の見積りが，当事業年度の財務諸表監査において特に重要であるため，同事業に対する投資の評価が「監査上の主要な検討事項」の一つに該当すると判断した。

（個別財務諸表の監査報告書のKAM2項目のうち1項目を抜粋している。）
（出所：住友商事㈱　有価証券報告書-第152期（2019年4月1日-2020年3月31日））

　また，持株会社で連結財務諸表の監査報告書では収益認識等をKAMとするが個別財務諸表の監査報告書では関係会社株式の評価をKAMとする場合や，連結財務諸表の監査報告書では有形固定資産の減損をKAMとするが個別財務諸表の監査報告書では棚卸資産の評価をKAMとする場合など，連結財務諸表と個別財務諸表で異なる項目をKAMとしている事例もありました。連結財務諸表と個別財務諸表では財務諸表に含まれる範囲が異なることや，相対的な重要性の相違などから，異なる項目をKAMとすることも考えられます。

Q13 読みやすいKAMの特徴

読みやすいKAMには，どのような特徴があります
か？

·Answer Point············

POINT

- 読みやすく，かつ，有用性があるKAMの特徴
としては，①KAMの範囲や規模が理解できる
金額等の情報が含まれていること，②KAMに
決定した背景が企業に固有の情報を踏まえて記
載されていること，③過度に専門用語が多用さ
れていないこと，などが挙げられます。
- 加えて，KAMの決定理由で記載されている重
要なポイントについて，監査人がどのような監
査手続を実施したのか，具体的に記載されてい
るKAMが読みやすく，有用なKAMと考えられ
ます。

解 説

　KAMの目的は，リスク・アプローチの監査において，監査人が重点を置い
た個々の会社の監査に固有の情報を記載することにより，実施された監査の透
明性を高め，監査報告書の情報価値を高めることにあるとされています
（JICPA・KAMQ&A「2.背景(2)監査上の主要な検討事項の目的，期待される効果及
び性質」第4項）。このような目的を有するKAMの記載において，読みやすく，
かつ有用性が高いとされるKAMの特徴はどのようなものでしょうか。

これに関して，KAMの記載にあたっては，監査および監査人の判断に対する財務諸表利用者の理解が深まるようにKAMを記述するためには，企業の特定の状況に直接関連付けた，個々の企業の監査に特有の情報を含めることが適切であるとされており（JICPA・KAMQ&A Q2-9），具体的には以下の点に留意することが必要とされています。

（1）KAMの対象領域や金額を特定する

KAMの対象領域や金額が特定されない場合，監査人がどのような点に重点をおいて監査を実施したのか，また当該項目の財務諸表に与える影響がどの程度なのか不明瞭となり，監査人の意図が財務諸表利用者に適切に伝わらなくなる可能性があります。また，誤解によりKAMの対象領域が広範に及んでいるとの印象を与えるおそれもあります。したがって，利用者がKAMに決定した事項の範囲や規模を理解できるよう，その対象領域や金額を特定することが適切です。

（2）企業に固有の情報を含めて記載する

KAMの記載にあたっては，なぜこの企業において当該事項が重要なのか，企業のどのような要因が虚偽表示リスクに影響する要因となるのかなど，監査人の判断の背景を財務諸表利用者が理解できるよう，対象となる企業の事業内容や事業環境に紐付いた固有の情報を含めて記載することが適切です。これにより，KAMが過度に標準化されることや，翌年度以降のKAMの有用性が低下する可能性を低減できる場合があるとされています（監基報701 A44項）。

（3）過度な専門用語の使用を避ける

KAMの内容やその決定理由およびKAMに対する監査上の対応の記載は，過度に専門的な用語の使用を避け，想定される財務諸表の利用者が理解できるよう，簡潔に記載される必要があります（監基報701 A34項）。

　例えば，財務報告の枠組みや監査基準で利用される文言のみが過度に多用されているKAMの場合，利用者にとって読みにくいだけでなく，どの企業の監査報告書にも当てはまるようなKAMの記載となり，監査人が実施した監査の内容に関する情報を財務諸表利用者に提供するというKAMの目的を十分に達成できない可能性があります。

(4) KAMの決定理由に対する監査上の対応を具体的に記載する

　繰り返しとなりますが，KAMの記載は，財務諸表利用者に対し，監査人が実施した監査の内容に関する情報を提供するものであり，監査人が実施した監査の透明性を向上させ，監査報告書の情報価値を高めることにその意義があります。

　図表13-1では，このようなKAMの決定理由と実施した監査手続の関係を示しています。KAMの決定理由に記載された内容と，それに対して実施した監査上の対応手続が具体的に記載され，かつそれらが個々の会社に固有の情報を含めて記載されることにより，監査の内容が理解可能となり，有用性の高いKAMになるものと考えられます。

　つまりKAMは，監査人が特に重要であると判断した領域をその理由とともに具体的に示し，加えて当該領域に監査資源を集中してどのような監査手続を実施したのか，そのリスク・アプローチの概要を財務諸表利用者が明瞭かつ具体的に理解できるよう記載することで，監査報告書の情報伝達手段としての価値を向上させるものといえます。

図表13-1　KAMの決定理由と監査上の対応の関係

○○○○（監査上の主要な検討事項の見出し及び該当する場合には財務諸表の注記事項への参照）

監査上の主要な検討事項の内容及び決定理由	監査上の対応
<KAMの内容> <KAMの決定理由> 企業の事業内容や事業環境に紐づいた固有の要因を含めて記載する。例えば，会計上の見積りの記載にあたっては，企業固有の不確実性に関連する要因を，個々の状況に即してポイントをよく検討して記述する。 • ～□□□の見積りにおける重要な仮定は，【仮定①】及び【仮定②】である。	<KAMに対する監査上の対応> 当監査法人は○○○○を検討するため，主に以下の監査手続を実施した。 KAMの決定理由に書かれた要因に適合する監査手続又は監査アプローチの内容を，できる限り具体的に記述する。 • 【仮定①】については……を実施した。 • 【仮定②】については……を実施した。

Q14 KAMと想定利用者の視点

KAMの決定にあたって，監査証拠の入手の困難度合や監査役等とのコミュニケーションの内容と程度といった監査人の実施する監査手続に関する視点のみならず，財務諸表の理解にとって重要な事項であるかどうかといった想定利用者の視点を考慮するのはなぜですか？

·Answer Point·

POINT

- 監基報700および701の意図または目的は，監査報告書およびKAMの記載を通じて，監査人が特に重要であると判断した事項の理解や財務諸表の理解において重要な事項（例えば，経営者の重要な判断が含まれる領域）に関する情報を提供することにより，監査済財務諸表の利用者（想定利用者）にとって目的適合性のある情報を提供し，監査報告書の価値を高めることであるとされています。

- このような監基報の意図または目的の達成の観点から，KAMの決定にあたっては，監査証拠の入手の困難度合いや監査役等とのコミュニケーションの内容と程度といった監査人の実施する監査手続に関する観点のみならず，想定利用者による財務諸表の理解にとっての当該事項の重要性，特に財務諸表における重要性についても考慮することが適切であると考えられます。

（1）KAMの記載の目的および想定利用者の財務諸表の理解にあたっての重要性

　監査報告書は，監査済財務諸表の利用者（以下，「想定利用者」という）にとっ
て目的適合性のある情報を提供することを通じて，監査報告書の価値を高める
ことを意図しており（監基報700第4項），特に，KAMの記載は，監査人が職業
的専門家として特に重要であると判断した事項を理解するのに役立つ追加的な
情報や監査の対象とする財務諸表において経営者の重要な判断が含まれる領域
を想定利用者が理解するのに役立つ情報を提供することによって，監査の透明
性を高め，監査報告書の価値を高めることを目的としています（監基報701第2
項）。このように，監基報において，KAMは想定利用者にとってその情報の価
値や監査の透明性を高める情報であることが期待されていると考えられます。

　また，監査人のKAMの決定は，当該監査における相対的な重要性を考慮し
て，被監査会社に特有の事項を識別することとされ，監査役等とコミュニケー
ションを行った事項のうち，コミュニケーションの内容や程度，監査証拠の入
手の難易度のみならず，想定利用者による財務諸表の理解にとっての重要性，
特に，当該事項の財務諸表における重要性を考慮することが含まれています
（監基報701 A28項，A29項）。

（2）想定利用者による財務諸表の理解にとっての重要性

　例えば，金融業における債権および貸倒引当金や持株会社における事業投資
のように，財務諸表のうち事業目的に大きく関わり重要な金額を占める項目に
ついては，監査の対象とする財務諸表を理解するうえで重要であるため，想定
利用者が関心を寄せていることがあると考えられます。

　また，継続企業の前提に関して重要な疑義が生じている場合，想定利用者は，

継続企業を前提として作成された財務諸表を利用できるかどうかに重要な関心を寄せるものと考えられます（Q28参照）。特に，継続企業の前提に関する重要な不確実性が解消されている場合には，不確実性がどのように解消され，継続企業の前提が成立していると判断したのか，また，この解消策および判断は裏付けのあるものかどうかに関する情報に対する想定利用者のニーズは一般に高いと考えられます。

　このように，企業の財務諸表において事業目的に大きく関わり重要な金額を占める項目や継続企業の前提に関する重要な不確実性が解消されている事項に関して，個々の企業においては，定型的若しくは簡便な監査手続によって対応することが可能である，また，監査役等とのコミュニケーションの程度が飛び抜けて高いといえないといった状況も想定されます。

　しかしながら，決算や監査を通じて詳細な情報が入手可能な監査人や企業内部者である経営者や監査役等と比較して，想定利用者においては一般に財務諸表に関して入手可能な情報が相対的に少なく，情報の非対称性が生じていることを勘案すると，重要な金額を占める項目や継続企業の前提に関する重要な不確実性の解消についてKAMの対象として情報提供を行うことは，想定利用者の目的への適合性や監査の透明性の観点からは，監査報告書の価値を高めるうえで重要であると考えられます。

　なお，このような観点から，監基報においては，想定利用者による財務諸表の理解にとっての重要性（特に当該事項の財務諸表における重要性）や継続企業の前提に関する重要な不確実性の解消について考慮し，KAMとして取り扱うことがあることが定められているものと考えられます（監基報701 A28項，A29項，A41項）。

　このように，監査報告書の価値を高めるという監基報700および701の意図および目的を達成するためには，監査人はKAMの決定にあたって，監査役等とのコミュニケーションの程度や監査証拠の入手の困難度合い等といった監査人

の観点からの考慮事項のみならず，想定利用者の情報ニーズを勘案し，監査報告書へのKAMの記載を通じて有益な情報を提供することについて考慮することが適切であると考えられます。

Q15 企業に関する未公表の情報の取扱い

企業に関する未公表の情報とは，どのような情報を
指すのでしょうか？　また，どのような場合に未公
表の情報が論点になるのでしょうか？

Answer Point

- 企業に関する未公表の情報とは，企業によって
公にされていない当該企業に関するすべての情
報をいいます。
- 監査人がKAMで言及すると判断した事項が企
業によって公表されていない場合，その取扱い
が論点になります。

（1）企業に関する未公表の情報とは何か

　企業に関する未公表の情報とは，企業によって公にされていない当該企業に
関するすべての情報をいいます。ここでの公にされている情報とは，有価証券
報告書での記述情報の記載や，決算発表または投資家向け説明資料等，企業が
口頭または書面により提供したものも含まれ，財務諸表（注記事項を含む）に
よる開示に限定されるものではない点には注意が必要です（監基報701 A35項）。

（2）企業に関する未公表の情報が論点になるケース

　KAMは，監査人が監査で重点を置いた領域・実施した手続を監査報告書に記述するものであり，企業が開示していない情報を積極的に提供することを意図していません。しかしながら，監査人は，利用者に監査の内容を適切に伝えるために必要と判断した場合には，未公表の情報であっても記載することになります。

　KAMが利用者にとって有用な情報であるためには，KAMの記載にあたり，KAMの対象となっている領域や金額を具体的に特定することが望まれます。このため，例えば，固定資産の減損をKAMとして識別した場合，KAMの対象となった固定資産は，どのセグメントや事業に属するか，その金額はどの程度かといった点をKAMの中で言及する必要があると監査人が判断することが考えられます。しかし，KAMで言及する必要があると監査人が判断した事項が，必ずしも企業によって開示されているとは限りません。このようなケースにおいて，未公表の情報の取扱いが論点になります。

Q16　KAMを起因とした追加開示への対応

監査人がKAMに記載する内容について，会計基準や
開示ルールでは個別規定が設けられていませんが，
その場合でも企業側は追加の情報開示をしないとい
けないのでしょうか？

Answer Point

POINT

- 個別の開示規定がなくとも追加情報の注記等を
行うことで，財務諸表利用者の財務諸表に対す
る理解の向上に資することから，企業と監査人
は追加開示の要否について前向きにコミュニ
ケーションすることが期待されています。

解　説

　監査人は，監査報告書の透明化の観点から，利用者に監査の内容を適切に伝
えるために必要と判断した場合は，企業に関する未公表の情報であっても，
KAMの中で言及することがあります。

　特に，日本の会計基準や開示ルールは，国際会計基準や米国会計基準に比べ
て注記事項（特に会計処理の前提や基礎となる説明情報）として要求されてい
る内容が簡素であるため，監査人がKAMの中で言及しようとする情報が必ず
しも企業によって公表されていない可能性があります。

　もしKAMで記載された事項が企業によって開示されていない場合，利用者

の立場からすれば，「なぜ監査人がKAMとして記載しているのに，その事項を企業が公表しないのか？」という素朴な疑問を企業に対して抱くことでしょう。

　一方で，企業の立場からすれば，「監査人がKAMで記載した内容は，日本の会計基準や開示ルールの個別規定で明確に開示することが求められていないのだから追加開示の必要はない」という反論があるかもしれません。しかしながら，財務諸表等規則においては，個別に要求される注記事項としての定めがなくとも，企業の財政状態，経営成績またはキャッシュ・フローの状況を適正に判断するために必要と認められる事項（財規第8条の5）については，当該取引や見積りの内容，適用される会計処理等についての説明開示（追加情報の注記）を行うことが想定されています。

　例えば，企業の営む事業に特有かつ非常に重要な営業取引を監査人がKAMとして取り扱う場合，当該事項は，監査上のみならず財務諸表の開示上もとりわけ重要であることが多く，個別の開示規定がなくとも企業が追加情報の注記を行うことで，財務諸表利用者の財務諸表に対する理解の向上に資することになります。

　なお，利用者への情報提供は，財務諸表の注記に限られず，有価証券報告書の財務諸表以外の箇所，例えば，「事業等のリスク」や「経営者による財政状態，経営成績及びキャッシュ・フローの状況の分析」等，記述情報において関連する情報を開示することも考えられます。

　KAMの監査報告書への記載実務の進展に伴い，KAMの記載を起因として企業の情報開示が充実されていくことが期待されていることからすれば，企業と監査人は，利用者に有用な情報を提供するという観点から，開示の要否について前向きにコミュニケーションすることが求められているといってよいでしょう。

Q17 未公表の情報の取扱いに関するコミュニケーション

KAMの監査報告書への記載は，監査人と企業の合意のもと行われるのでしょうか？　未公表の情報が唐突に開示されてしまうことはないですか？

Answer Point

- 監査報告書は監査人の責任のもとで発行しますので，KAMの内容を含め，監査報告書の記載内容について企業と合意することは必ずしも求められていませんが，通常は，監査報告書発行前にKAMの草案を企業の経営者および監査役等に提示しますので，未公表の情報が唐突に開示されることは想定されません。

解説

　KAMは監査人が監査役等とコミュニケーションを行った事項から選択されるものであり，監基報701第16項ではKAMと決定した事項に関しては監査役等とコミュニケーションを行わなければならないと記載されています。また，同A61項では，監査役等との協議を促進するために，監査報告書の草案を監査役等に提示することは有用であるとも記載されています。したがって，監査人は，KAMの記載内容について監査報告書発行前に企業の経営者および監査役等に提示のうえ，協議することが想定されています。

　監査人としても，KAMの記載内容およびその基礎となった事実に誤りがあれば，利用者に誤った情報を伝達してしまいますので，監査報告書の発行前にKAMの記載内容を企業の経営者および監査役等に提示し，事実確認を求めることは当然に必要と考えられます。

　また，監査人は，取扱いに注意を要するセンシティブ情報（例1参照）を不用意に提供することのないよう十分に留意する必要があります。この点からも，KAMの記載内容について経営者および監査役等と事前に協議することは，KAMとして記載されることにより企業が被る可能性のある不利益についての経営者の主張を理解し，KAMの記載による公益と企業の不利益を比較衡量するといった監査人の検討に役立てることができます。このような協議の過程で，実務上は，KAMの記載内容について監査人と企業の経営者および監査役等との合意形成が図られると考えられます。

　一方で，KAMは財務諸表の開示を起点として草案を作成するものではなく，監査人が実施した監査のプロセスを自ら説明していくものです。監査人は，企業から独立した立場から監査報告書を作成し，発行します。したがって，企業の経営者との見解が一致しない場合であっても，最終的に職業的専門家としての自らの判断に基づき，KAMの記載の結果生じる可能性がある企業の不利益を公益が上回ると判断する等，必要と判断する場合には，監査人は監査報告書にKAMを記載することになると考えられます。

　早期適用会社に対してJICPAが実施したアンケートによれば，財務諸表作成責任者のうち約6割の方がKAMの導入により財務諸表の注記等の充実を行ったと回答しており，注記が要求されていない事項については，有価証券報告書の前半部分のリスク情報等で開示している企業も見受けられました。実務上，監査人が唐突に未公表の情報をKAMで開示することのないよう，監査人と企業とのコミュニケーションが適切に行われているものと推察されます。

【例1】取扱いに注意を要するセンシティブな情報の例（JICPA・KAMQ&A
　　　　Q2-15)

- 会社が取引先と守秘義務を負っているような情報（製造工程や製品に関する情報，特許申請に関する情報，新製品の開発に関する情報，取引価格に関する情報等）
- 訴訟又は訴訟には至っていないが係争中の事案に関して，自己（会社）に不利益な影響を及ぼすほどに詳細な内容
- 会社の取引先などの第三者の権利を不当に侵害する内容

Q18　企業の経営者として対応が必要な事項

KAMは監査人が監査報告書に記載するものと理解しています。この場合，企業の経営者として対応が必要となることがあるのでしょうか？

··Answer Point·····································

POINT

● 経営者は企業の情報開示に責任を有しており，KAMの導入を契機に，財務諸表や有価証券報告書の開示の拡充の検討が必要となる場合があります。

● 特に会計上の見積りに関するKAMが記載された場合，これに関する経営者としての予測，見通しについて，投資家等に対して的確に説明できるよう，十分な対応が必要になるものと考えられます。

（1）財務諸表等における開示拡充の要請

　財務諸表利用者は，有価証券報告書における開示情報と監査報告書に記載されるKAMを相互に参照する形で一体として利用することが想定されています。経営者と監査人のそれぞれの責任（二重責任の原則）における利用者への情報提供という観点からは，監査人がKAMで言及している内容は，企業により公表される有価証券報告書の中で開示されているのが望ましい姿といえます。このため，企業の情報開示に責任を有する経営者は，利用者からの期待に応える

べく，KAMの導入を契機に財務諸表や有価証券報告書の開示の拡充の検討を
行うことが望まれます。

　開示の拡充としては，例えば，有価証券報告書における「事業等のリスク」
にどの項目をどの程度詳細に記述するか検討が必要なケースもあるでしょう。
また，財務諸表等規則において個別に要求される注記事項としての定めがなく
とも，企業の財政状態，経営成績またはキャッシュ・フローの状況を適正に判
断するために必要と認められる事項（財規第8条の5）として，追加的な説明
開示（追加情報の注記）の要否について検討が必要となる場合もあるものと考
えられます。

　利用者にとって有用な情報を提供するために，どのような開示をするのか。
この問いは，経営者にとって企業内容のディスクロージャーに真摯に向き合え
ば向き合うほど悩ましい課題になるものと考えられます。

(2) 経営者の用いた重要な仮定についての利用者への説明責任

　KAMとして取り上げられる項目には様々なものがありますが，その中でも
重要な会計上の見積りがKAMとして記載される場合は比較的多いものと考え
られます。

　重要な会計上の見積りがKAMとして記載された場合，財務諸表利用者の関
心が重要な会計上の見積りの対象となる事項（例えば，事業投資・のれんや固
定資産の評価）に寄せられ，その見積りの基礎となる重要な仮定のうち，主観・
予測の介在する情報や不確実性の高い要因に関して，経営者に対して説明の要
求が高まることが想定されます。

　その結果，企業の経営者は，決算に重要な影響を及ぼすこれらの重要な会計
上の見積りの対象となる項目，特に見積りの基礎となる仮定のうち経営者とし
ての予測，見通しについて，投資家等に対してこれらを的確に説明できるよう

十分な準備が必要になるものと考えられます。この点，Q27に記載のとおり，2021年 3 月31日以後終了する事業年度より，「会計上の見積りの開示に関する会計基準」（企業会計基準第31号）が適用され，重要な会計上の見積りについて財務諸表への注記が求められますが，同基準の基本的な方針は「個々の注記を拡充するのではなく，原則（開示目的）を示したうえで，具体的な開示内容は企業が開示目的に照らして判断する」（同第14項）こととされています。したがって，この点においても，経営者の企業内容のディスクロージャーへの姿勢が問われることになると考えられます。

　このように，企業の経営者には，KAMの導入を契機として，財務諸表や有価証券報告書の開示の拡充の検討が必要になるとともに，経営者が，様々なリスクに関する意識を高め，リスクマネジメントの強化やコーポレート・ガバナンスのあり方について，監査役をはじめ関係者の方々との十分な協議・コミュニケーションを促進することが期待されます。

Q19 KAMに関するコミュニケーションの留意点

監基報701では随所にKAMに関する監査人と監査役等とのコミュニケーションが定められています。コミュニケーションの際，具体的にどのような事項に留意が必要となるのでしょうか？

Answer Point

POINT

- KAMに関するコミュニケーションは，監査計画の段階から始まり，監査の全過程を通じて適時に実施する必要があります。
- 最終段階でKAMとして決定した事項だけではなく，監査計画の段階からKAMとなる可能性がある事項についてもコミュニケーションが必要です。
- KAMがないと判断した場合でも，コミュニケーションが不要となるわけではありません。

 解 説

　監査人は，以下に関して監査役等とコミュニケーションを行わなければならないとされています（監基報701第16項）。

- 監査人が，KAMとして決定した事項
- 監査報告書において報告すべきKAMがないと監査人が判断した場合はその旨

これらのコミュニケーションを行う際に留意すべき点は以下のとおりです。

（1）時　期

　KAMに関するコミュニケーションは，監査最終段階である監査報告書発行のタイミングではなく，監査計画段階で監査人がKAMの候補を経営者および監査役等に提示し，KAMの草案作成に適時に着手できるよう，監査スケジュールや監査役等とのコミュニケーションに配慮することが適切とされています（JICPA・KAMQ&A Q2-18）。

　具体的な時期については会社の状況や監査の状況により様々であると考えられますが，監査人は，計画した監査の範囲と実施時期についてコミュニケーションを行う際に，通常，KAMとなる可能性がある事項についてもコミュニケーションを行うこととされています。また，これらのKAMとなる可能性がある事項については，監査の過程で新たに追加したものを含め，監査上の発見事項を報告する際にさらにコミュニケーションを行うこととなるとされています（監基報701 A60項）。

　すなわち，KAMに関する監査役等とのコミュニケーションは，監査計画の段階から始まり，監査の全過程を通じて適時に実施することが望ましいと考えられます。

（2）内　容

　KAMは監査役等とコミュニケーションを行った事項のうち，特に重要であると監査人が判断した事項ですので，KAMとして決定した事項をコミュニケーションの対象とする必要があることはいうまでもありません。

　さらに，（1）に記載のとおり，監査の最終段階でKAMとして決定した事項だけではなく，監査計画の段階からKAMとなる可能性がある事項についても監査役等と協議を実施し，監査の過程で新たに追加したものを含め，KAM選定のプロセスについてもコミュニケーションを行う必要があります。

　また，KAMが記載された監査報告書の草案を監査役等に提示することは，監査役等との協議を促進するために有用であるとされています（JICPA・KAMQ&A Q2-18）。このようなコミュニケーションによって，監査役等は，KAMに関する監査人の判断の根拠や当該KAMが監査報告書にどのように記述されるかを理解することができ，それが，監査役等が財務報告プロセスを監視する重要な役割を果たすことにつながると考えられています。また，当該コミュニケーションによって，監査役等は，KAMが監査報告書において報告されることを踏まえて，当該KAMに関連する追加的な情報を開示することが有用かどうかの検討に役立てることができるものと考えられます（監基報701 A61項）。

(3) KAMがないと判断した場合

　Q11に記載のとおり，監査報告書において報告すべきKAMがないと判断することはまれですが，企業の実質的な事業活動が極めて限定される状況においては，KAMがないと監査人が判断することはあるとされています。

　この場合でも，KAMに関する監査人と監査役等とのコミュニケーションが不要となるわけではなく，報告すべきKAMがないと監査人が判断した旨についてコミュニケーションが必要とされます。また，「このような状況において，監査人は，当該監査及び監査上の主要な検討事項ではない重要な事項に精通している他の者（審査担当者を含む。）とより慎重に協議することがある。当該協議により，監査上の主要な検討事項がないという決定を，監査人が見直すことがある。」（監基報701 A63項）とされている点には留意が必要です。

Q20　KAMに関する監査人と会社の事実認識の相違や判断の相違

KAMとして記載が予定されている内容やKAMとして決定した理由について監査人と会社の間で事実認識の相違や見解の相違がある場合，どのような対処が必要になるのでしょうか？

Answer Point

POINT

- KAMの記載内容について事実に関する認識相違があると考えられる場合，会社および監査人は十分な協議を実施し，事実の誤認や認識相違を解消しなければなりません。
- 一方，KAMとして何を選択するかといった判断や記載の表現においては，最終的に見解の一致に至らないこともありうるものと考えられます。
- ただし，このような場合でも，十分なコミュニケーションを実施し，双方の理解を高めるとともに，重要な見解相違や疑問点を解消しておくことが重要です。

解　説

　KAMは，「当年度の財務諸表の監査において，監査人が職業的専門家として特に重要であると判断した事項」（監基報701第7項）であり，KAMを最終的に決定する主体は監査人となります。また，KAMは，監査人が監査報告書にそ

の内容, KAMであると決定した理由および監査上の対応を記載するものであり (監基報701第12項), その記載内容が最終的に確定する時期は, 監査報告書を提出する段階になります。

　それでは, 監査人が監査の最終局面まで, 会社とKAMの草案についてのコミュニケーションを実施せず, その結果, KAMに関する監査人と会社の認識に相違が生じてもやむを得ないかというと, 決してそのようなことはありません。

(1) 記載された内容の「事実」に関する認識の相違

　従来の監査報告書は, 無限定適正意見である限り, どこの企業に関するものであっても基本的に同じ文言で紋切型の内容でした。したがって, 通常その記載内容の「事実」について, 監査人と会社の認識に相違が生じる余地はなかったものと考えられます。

　一方, KAMの記載にあたっては, 監査人が監査役等に対して行う報告内容を基礎として, 当該財務諸表の監査に固有の情報を記載することが重要といわれています (「監査基準の改訂に関する意見書」(2018年7月5日) 二1(3))。そして, 固有の情報の記載にあたっては, 特にKAMの草案提示の初期段階においては, 監査人と会社側との間で「事実」についての認識相違がないとも限りません。

　このような事実認識の相違がある場合, 監査役等または経営者と監査人とのコミュニケーションを重ね, 双方の事実誤認を解消する必要があります。

　KAMは, 端的にいうと, 監査人が識別した重要な虚偽表示リスクに対し, 十分かつ適切な監査証拠を入手して監査を実施した過程を伝えるものです。したがって, 監査の有効性や信頼性の観点からも, その前提となる事実について, 会社との認識相違は解消しなければなりません。

　この場合には，事実認識について監査人と会社関係者との協議を進めるとともに，KAMに関するコミュニケーションの時期についても，監査最終段階である監査報告書発行のタイミングではなく，監査計画段階でKAMの候補を経営者および監査役等に提示し，KAMの草案作成に適時に着手して，前広に協議を重ねることができるよう配慮することが適切です（JICPA・KAMQ&A Q 2 -18）。

（2）KAMに関する「判断」についての認識の相違

　監査役等とコミュニケーションを行った事項のうち，どの項目をKAMとして決定するか，またはKAM決定の理由として何を取り上げるかについては，監査人と会社との間で認識相違が比較的生じやすい領域ではないかと考えられます。

　このような「判断」に関する認識の相違についても（1）と同様，会社（経営者，監査役等）と監査人とのコミュニケーションを通じて，可能な限り解消されることが望ましいといえます。

　しかし，（1）の「事実」と異なり，「判断」については，このようなコミュニケーションを重ねても，KAMは最終的には監査人が判断し，監査報告書に記載するものである以上，会社側の認識や見解と完全に一致しないこともありうるものと考えられます。

　例えば，監査人が特に重要と考えている事項と会社側が重要と考えている事項が相違する場合や，記載されるKAMとして決定した理由の詳細な表現などについて，協議を重ねても見解の完全一致に至らない場合がないとは限りません。

　ただし，この場合でも，監査役等は，監査人による監査の相当性を判断するためには，KAMの決定プロセスや記載されている内容について，十分理解す

ることが必要です。また，監査人はそれについて十分監査役等に説明する必要があることはいうまでもありません。

　重要なことは，最終的な監査報告書の発行段階において，KAMの決定プロセスやKAMの内容について監査人と会社との認識が共有され，重要な見解の相違や不明点が解消されるように，監査の全過程を通じてKAMに関するコミュニケーションを十分重ねることであると考えられます。

Q21 KAMに対する監査役等の関心

KAMは監査人の金商法の監査報告書には記載されますが，会社法の監査報告書には記載が求められていないと聞いています。監査役は会社法に基づき監査報告書を作成する義務がありますが，なぜ監査役からKAMへの対応に関する声が聞かれるのでしょうか？

Answer Point

POINT

- KAMは，監査人が監査役等とコミュニケーションを行った事項のうち特に重要であると判断した事項であり，監査人と監査役等は，監査の全過程を通じてKAMに関するコミュニケーションを行います。
- 監査役はコーポレート・ガバナンスにおいて重要な役割を担う存在であり，監査人が監査上特に重要と判断した事項の内容や対応を把握することは，企業に対するガバナンスの観点からも重要と考えられます。
- 金商法監査と会社法監査は一体として行われており，監査の重点事項はほぼ共通といえます。会社法の監査報告書にKAMの記載は求められていないものの，監査役は監査人の会計監査の相当性を判断する立場にあり，株主総会において株主からKAMについての質問を受ける可能性もあります。
- これらの要因により，監査役等はKAMに高い関心を持っているといえます。

(1) KAMの性質

　KAMは，監査人が監査役等とコミュニケーションを行った事項のうち，特に重要であると判断した事項です。監査人は，経営者や監査役等にKAMの候補を提示し開示の充実を促す等，監査の全過程を通じて監査役との間でKAMに関するコミュニケーションを行うことから，KAMの導入は，監査役にとっても重要な改正と考えられます。

(2) コーポレート・ガバナンスの観点

　監査役は，コーポレート・ガバナンスにおいて重要な役割を果たす存在です。監査役は監査人と十分な連携をとって企業に対するモニタリングを行う必要があり，監査人が監査において特に重要と判断した事項の内容や対応を把握することは，監査役の会社に対する重要なモニタリング活動の1つであると考えられます。このような観点からも，監査役はKAMへの対応に大きな関心を寄せていると考えられます。

(3) 監査の相当性の判断に関する説明責任

　わが国において，金商法監査と会社法監査は，財務諸表または計算書類等の表示および注記事項の監査手続を除き一体として行われており，監査の重点事項はほとんど共通しています。監査役は会計監査人の監査の方法および結果の相当性に関する判断結果を監査役の監査報告書に記載する立場にあります。会計監査の相当性を判断するうえで監査役は，監査人の監査の重点事項を考慮に入れているはずであると考えられます。さらに，金商法監査の監査報告書において監査の重点事項であるKAMが記載されることは，その利用者一般の監査の重点事項に対する関心を啓発し，KAMに関する情報ニーズを高めることと

なります。

　また，有価証券報告書に添付される監査報告書においてKAMが記載される場合，株主総会に臨む株主への情報提供の観点から，有価証券報告書を株主総会前に提出するなどの方法により，株主総会前に監査の重点事項の報告が行われることも考えられます。

　このような状況においては，監査報告書へのKAMの記載は金商法に限定されているとしても，計算書類等に関して監査人の監査の重点事項は何で，それをどのように評価して監査の相当性を判断したのかについて，株主総会において株主が監査役に説明を求める可能性があります。

　このように，株主への情報提供という観点や，KAMの導入が会計監査の相当性の判断に関する透明性・説明責任を高める可能性があることも，監査役等がKAMに高い関心を持つ要因であると考えられます。

　なお，株主総会における質問への対応については，Q23をご参照ください。

Q22 監査役等の重点監査事項とKAMの関係

KAMと監査役等の重点監査事項は一致させるべきで
しょうか？

·Answer Point·

POINT

● 監査人と監査役等は財務諸表の基礎となる数値
を監査対象とし，また，監査人は監査役等と
KAMについてコミュニケーションを行うため，
KAMと監査役等の監査の重点事項が一致する
ことがあります。ただし，監査において何を重
点項目にするかについては，重要な虚偽表示リ
スク等に関する監査人および監査役等のそれぞ
れの観点から決定するため，監査人のKAMと
監査役等の監査の重点事項は必ずしも一致させ
る必要はありません。

　監査役等の監査は会計監査のみならず業務監査にも及び，監査人の監査対象
よりも広範であるため，監査役等の監査の重点事項と監査人のKAMが完全に
一致することはまれであると考えられます。

　ただし，監査役等の監査のうち会計監査については，財務諸表の基礎となる
数値を対象としており，監査人の監査対象と一致しています。また，監査人は

監査役等とコミュニケーションした事項を基礎として監査上の主要な検討事項を決定し，当該事項について監査役等とコミュニケーションを行うこととされています（監基報701第 8 項，第 9 項，第16項）。

　このようにKAMについてのコミュニケーションを行い，財務諸表監査において何が重要であるかについて意見交換を行うことが求められており，監査人が監査上必要と考える事項と監査役等の監査の重点事項が一致することは多いと考えられます。

　しかしながら，監査人と監査役等では，財務諸表において何が重要な虚偽表示リスクであるか，重要な事項であるかについて，その観点と判断が異なることが考えられるため，結果として，会計監査についても監査人の決定したKAMと監査役等の重点事項は必ずしも一致しないことがあると考えられます。
　なお，監基報や監査役監査基準等においても監査人のKAMと監査役等の監査の重点事項を一致させることは求められていません。

Q23 株主総会におけるKAMに関する質問への対応

株主総会で株主からKAMについて質問があった場合または想定される場合，監査役等や監査人はどのように対応すればよいでしょうか？

··Answer Point··

POINT

- KAMに関する質問については，監査人，監査役等または取締役のいずれが回答すべき内容であるかを判断して対応する必要があり，KAMに関する質問が事前に想定される場合には，想定問答を準備しておくことが必要であると考えられます。

- KAMに関する質問への回答は監査役が行うことが多いと考えられますが，株主総会で決議が行われ，その後，監査人から回答することが事前に想定される場合には，監査人に待機を要請し，また，監査人は法律の専門家の助言を求めるとともに，会社との間で守秘義務解除に関する理解等を共有しておくことが望ましいと考えられます。

- KAMに関する説明がフェア・ディスクロージャー・ルールに定める重要事項に該当するかどうか検討し，該当する場合には適時に開示を行うことについて留意しておくことが必要です。

会社法監査報告書においてKAMが記載されている場合，または，株主総会前に有価証券報告書が提出されている場合を除いて，株主総会時点において当年度のKAMは公表されていませんが，この場合であっても，例えば，「監査役として会計監査人の監査の相当性を判断するうえで，どのような事項を監査の重点事項として検討したかについて会計監査人から説明を受けたか」といった質問があった場合には，当年度のKAMが公表されていない状況であっても，監査役は当年度のKAMについて実質的に回答することが求められることも想定されます。

　また，前年度の監査報告書においてKAMが記載されている場合には，当年度にどのように変化が生じたかについて質問を受けることも想定されます（監査役協会KAMQ&A Q3-5-1）。さらに，KAMに関連した質問の趣旨は，監査人や監査役等の判断や対応についてではなく，経営者の将来の事業計画や業績予測にあることも想定されます。

　したがって，KAMに関する質問については，監査人，監査役等または取締役のいずれが回答すべき内容であるかを判断して対応する必要があり，また，KAMに関する質問が想定される場合には，事前にいわゆる想定問答を準備しておくことが必要であると考えられます。

　KAMに関する質問については，例えば，以下が想定されます。
- KAMとして選定された項目についての詳細
- 最終的にKAMに選定された事項以外に候補に挙がったものは何か
- KAMに選定されるような大きなリスクを生じさせた取引の意思決定プロセスおよび当該リスクが発現するきっかけとなる事象および影響の程度およびリスクへの対応

- 監査役等と監査人のKAMに関するコミュニケーションおよび監査人の
  KAMへの対応に関する監査役等の見解

なお，監査人には株主総会出席義務がなく，監査人に株主総会で意見を述べることを求めるには株主総会の決議が必要であること（会社法第398条第2項），また，KAMに関する質問は監査の相当性に関連していることから，回答は監査役が行うことが多いと考えられます。ただし，株主が監査人からの回答を望むと考えられる場合には，株主総会で決議が行われ，その後，監査人から回答することとなります。

このような決議が事前に想定される場合には，監査人に待機を要請し，また，監査人は法律の専門家の助言を求め，対応方針を検討しておくことが望ましいと考えられます。

会社法の規定に従って株主総会において監査人の出席の決議があった場合は，監査人は株主総会に出席し，株主からの質問の趣旨を踏まえて回答することとなりますが，この場合，監査人の守秘義務解除の正当な理由に該当するため，監査人が業務上知り得た秘密に関する事項に関しても説明することができると考えられます。

ただし，監査報告書の記載内容を超えた詳細な内容に言及する可能性があり，特に，会社のセンシティブ情報に触れる詳細な陳述が必要になることが想定される場合には，監査人の守秘義務解除の正当な理由に該当することについて，会社の理解を得ておくことが重要であると考えられます。

また，株主総会において「重要情報」が伝達された場合は，取引関係者に対して未公表の情報が伝達されたものとして取り扱い，投資家に対して公平な情報を伝達するため，フェア・ディスクロージャー・ルールの対象になりうるとの見解が示されています。そのため，KAMに関連する監査人の回答が「重要情報」に該当すると会社が判断した場合は，法令に従い速やかに有価証券報告

書または臨時報告書を提出する等の方法により，その公表が求められることに
会社は留意しておくことが肝要です（JICPA・KAM Q&A Q 2 -19)。

Q24　監査契約締結時の留意事項

KAMに関連し，監査人と経営者が監査契約締結の際に留意すべき点はありますか？

Answer Point

POINT

- 法令により，または任意で監査報告書においてKAMを報告する場合，一般に公正妥当と認められる監査の基準に従ってKAMを報告する旨を，監査契約書に記載します。
- 監査契約書の作成例としては，日本公認会計士協会が公表している法規・制度委員会研究報告第1号「監査及びレビュー等の契約書の作成例」が参考になります。
- 監査契約条件の合意後に任意でKAMを報告することに合意した場合には，契約条件の変更として，監査契約書（変更覚書等）に記載する必要があります。

 解説

(1) 監査契約書における記載

　法令により，または任意で監査報告書においてKAMを報告する場合，一般に公正妥当と認められる監査の基準に従ってKAMを報告する旨を，監査契約書に記載することになります（監基報210 A25項）。

　具体的には，日本公認会計士協会から法規・制度委員会研究報告第1号「監査及びレビュー等の契約書の作成例」（以下，「JICPA契約書作成例」という）が公表されており，この契約書例を参考にすることが考えられます。

①　法令によりKAMの記載が求められる場合

　法令によりKAMの記載が求められる場合には，「様式1：個人用（会社法監査・金融商品取引法監査）」や「様式2：監査法人用（会社法監査・金融商品取引法監査，指定社員制度利用）」などの様式例が参考となります。

　当該様式例では，監査契約書の約款第2条第3項において，受嘱者（監査法人等）は「金融商品取引法監査の監査報告書において，我が国において一般に公正妥当と認められる監査の基準に従って監査上の主要な検討事項を報告する」旨，「法令等により当該事項の公表が禁止されている場合又は監査報告書において報告することにより生じる不利益が公共の利益を上回ると合理的に見込まれるため報告すべきではないと受嘱者が判断した場合，受嘱者は監査報告書において当該事項を報告しない」旨が記載される形になっています（JICPA契約書作成例　監査約款および四半期レビュー約款（様式1および様式2共通））。

②　任意でKAMを報告する場合

　法令によりKAMの報告が求められていない場合において任意でKAMを報告する場合としては，例えば以下のケースが考えられます。
- 非上場企業の場合で，監査証明府令第3条第4項第2号の金額基準（Q3を参照）に該当しないが任意でKAMを報告することとした場合
- 会社法の監査報告書においてKAMを報告することとした場合
- 日本の会計基準に基づく英文財務諸表の監査報告書にKAMを記載する場合（Q25参照）

　このような場合，JICPA契約書作成例では，契約書本文において，上記①と同様の内容，つまり「監査報告書において，我が国において一般に公正妥当と認められる監査の基準に従って監査上の主要な検討事項を報告する」旨等を記

載することが例示されています（JICPA契約書作成例 Ⅲ 2(3)②）。なお，任意で
KAMを記載する場合には，「金融商品取引法監査の監査報告書において」とい
う文言を適宜書き換える必要があります。

　このように，任意でKAMを適用する場合には，契約書において文章の追加
や変更を行う必要があることに留意する必要があります。

　なお，JICPA契約書作成例は，「各業務に関する契約書を作成する実務上の
参考のための一例を提示するものであって，実際の契約書の作成に当たっては，
状況に応じて適宜に修正した上で契約書を作成する必要がある」（JICPA契約書
作成例 Ⅰ 1）とされていることにも留意が必要です。

(2) 契約条件の変更

　法令によりKAMの報告が求められていない場合において，監査契約を締結
した後に任意で監査人と経営者がKAMを報告することに合意したときは，契
約条件の変更として取り扱われることになり，監査契約書を結び直すかまたは
変更覚書を締結する等の対応が必要となります（監基報210第12項，A32項，
JICPA契約書作成例 Ⅲ 2(3)②）。

Q25 英文監査報告書におけるKAM

当社は日本の会計基準に基づく英文財務諸表を発行しているが，これに対する英文の監査報告書にもKAMは記載されるのでしょうか？

·Answer Point·

POINT

- わが国において一般に公正妥当と認められる企業会計の基準および監査の基準に基づく英文財務諸表監査は任意に行われるため，英文の監査報告書へのKAMの記載は求められていません。
- ただし，例えば，金融商品取引法に基づき上場企業が有価証券報告書等においてKAMを監査報告書に記載している場合には，英文財務諸表の監査報告書の利用者のニーズを勘案し，同等の情報を提供するために，英文の監査報告書にもKAMを記載することが考えられます。

解 説

　わが国において一般に公正妥当と認められる会計基準に基づいて作成された英文財務諸表に対する監査は，通常，法令によって強制されず，任意監査として実施されます。したがって，この場合，英文財務諸表に対する監査報告書においてKAMの記載は求められていません。英文財務諸表に対する任意監査において，監査報告書にKAMを記載しようとする場合，監査人は会社との間で監査報告書へのKAMの記載について合意し，監査契約にその旨を定めること

が必要となります（Q24および監基報701第5項参照）。

　任意監査において，監査報告書にKAMを記載するかどうかについて，監査人は，監査報告書の利用者のニーズ等，監査を取り巻く状況を勘案して決定することとなります。例えば，上場企業が金融商品取引法に基づき有価証券報告書等において作成し公表される和文の監査報告書においてはKAMが記載されますが，この場合に，英文財務諸表に対する監査において，別途作成される監査報告書にKAMを記載するかどうかについては監査人の判断によることとなります。

　ただし，KAMの記載における監査のプロセスに関する情報は監査報告書の利用者にとって有意義であり，和文の監査報告書の利用者に対しては情報提供が行われていること，また，同等の情報を英文財務諸表の監査報告書の利用者が求めていることを勘案すると，英文の監査報告書にもKAMを記載することが考えられます。

　なお，KAMの内容は個々の企業の固有の状況に応じて作成されるため，英文の監査報告書にKAMを記載する場合には，その内容に応じて監査人が個別に作成する必要があり，その作成には一定の準備時間を要することが想定されます。監査人は，和文の監査報告書に記載するKAMの作成に並行して，KAMの英文の作成にも早期に着手し，和文のKAMの改訂等が生じた場合にはこれに対応して内容を更新する等，計画的な対応が必要となると考えられます。

Q26 有価証券報告書の「事業等のリスク」とKAMの関係

有価証券報告書の「事業等のリスク」に記載している項目とKAMの項目はどのような関係にあるのでしょうか？

Answer Point

POINT

- 「事業等のリスク」は，経営者が会社の経営成績等に重要な影響を与える可能性がある主要なリスクを有価証券報告書の「第2　事業の状況」のセクションに記載するものであることに対し，KAMは，監査人が当年度の財務諸表の監査において特に重要であると判断した事項を監査報告書に記載するものです。

- 監査上は，財務諸表に重要な影響を与える「事業等のリスク」についても理解のうえ，重要な虚偽表示リスクを識別します。また，事業等のリスクは引当金等の会計上の見積りを行う基礎となることから監査上重要な虚偽表示リスクに関連していることがあります。そのため，「事業等のリスク」とKAMは密接な関連があると考えられます。ただし，「事業等のリスク」とKAMのすべてが重なるわけではありません。

（1）有価証券報告書の「事業等のリスク」

「事業等のリスク」は，有価証券報告書の「第2 事業の状況」のセクションにおいて，経営者が事業の状況，経理の状況等に関する事項のうち連結会社の財政状態，経営成績およびキャッシュ・フロー（以下，「経営成績等」という）の状況に重要な影響を与える可能性があると認識している主要なリスクについて記載したものです（開示府令第三号様式記載上の注意（11），第二号様式記載上の注意（31）a）。具体的には，「連結会社の経営成績等の状況の異常な変動，特定の取引先・製品・技術等への依存，特有の法的規制・取引慣行・経営方針，重要な訴訟事件等の発生，役員・大株主・関係会社等に関する重要事項等，投資者の判断に重要な影響を及ぼす可能性のある事項」がこれに当たります（開示府令第三号様式記載上の注意（11），第二号様式記載上の注意（31）a）。

なお，財務諸表監査は，有価証券報告書の「第5 経理の状況」に含まれる連結財務諸表および個別財務諸表に対して実施するものです（金商法第193条の2第1項，監査証明府令第1条第7号，第8号）。そのため，有価証券報告書のうち「事業等のリスク」を含む，連結財務諸表および個別財務諸表以外の事項は，監査意見の対象ではありません。

（2）「事業等のリスク」とKAMとの関係

KAMは，当年度の財務諸表の監査において監査人が職業的専門家として特に重要であると判断した事項を監査報告書に記載するものです。

図表26-1に示すとおり，「事業等のリスク」に記載される事項は，経営者が判断する会社の事業運営上のリスクですが，KAMは事業運営上のリスクではなく，監査人が監査において特に重要と判断して監査手続を行う対象の項目で

す。また，KAMは監査人が特に重要と判断した事項ですので，必然的に
KAMの個数はある程度絞られる形になります（JICPA・KAMQ&A Q 2 - 7 ）。

図表26- 1　「事業等のリスク」とKAMの関係

	事業等のリスク	KAM
判断する者	経営者	監査人
内容，性質	• 有価証券報告書に記載した事業の状況，経理の状況等に関する事項のうち，経営成績等に重要な影響を与える可能性があるリスク	• 監査役等とコミュニケーションを行った事項の中から，特に注意を払った事項を決定し，さらに当年度の財務諸表の監査において，職業的専門家として特に重要と判断した事項 • 個数はある程度必然的に絞られる。

　しかし，「事業等のリスク」とKAMが全く無関係というわけではありません。
財務諸表監査においては，企業とその企業が置かれている環境を理解したうえ
で，財務諸表に重要な虚偽表示を及ぼすリスクを識別・評価し，リスクに対応
する手続を実施します。監査人が重要な虚偽表示リスクを識別するにあたって
は，有価証券報告書の「事業等のリスク」に記載されるような事業上のリスク
を十分理解することが前提になっています。事業上のリスクのうち，重要な虚
偽表示リスクとして識別され，さらに特別な検討を必要とするリスクや重要な
虚偽表示リスクが高いとされたものについてはKAMとなる可能性があります。
また，「事業等のリスク」に記載された事項は，引当金等の会計上の見積りの
基礎となることから，重要な虚偽表示リスクにも関連することがあります。そ
のため，「事業等のリスク」とKAMには密接な関連があると考えられます。

　ただし，「事業等のリスク」とKAMのすべてが重なるわけではありません。
例えば，棚卸資産の評価や固定資産の減損損失の発生可能性などのように「事
業等のリスク」とKAMの項目が重なるものもありますが，「事業等のリスク」
には，特定の取引先への依存のリスクや情報漏洩に関するリスクなど必ずしも

財務諸表に結びつかないリスクも記載されます。一方，監査人としての判断に重要性がありKAMとして取り扱っているものの，事業上のリスクには該当しないため，「事業等のリスク」には記載されないという項目もあり得ます。「事業等のリスク」とKAMは，図表26-2のような関係にあると考えられます。

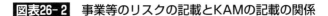

図表26-2　事業等のリスクの記載とKAMの記載の関係

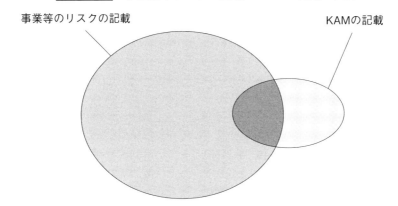

(3) 早期適用事例における状況

　早期適用事例において「事業等のリスク」とKAMの項目を照らし合わせたところ，「事業等のリスク」の項目の一部がKAMに関連している事例もあれば，KAMに記載があるものの「事業等のリスク」には記載がない事例もありました。早期適用事例のうち2社における「事業等のリスク」の項目とKAMの項目は，以下**事例26-1**および**事例26-2**のとおりです。なお，項目間の「関連」については，主に関連していると思われる項目を示しており，関連する項目を網羅的に示したものではありません。

事例26-1 大陽日酸㈱^(※) 2020年3月期有価証券報告書

事業等のリスクの項目	KAMの項目（連結）
（1）経営方針・事業に関するもの 　①　設備投資について 　②　製造コストについて 　③　海外進出について 　④　法規制等について 　⑤　人材確保について （2）技術・保安に関するもの 　①　技術開発について 　②　知的財産について 　③　製品安全及び保安について （3）財務に関するもの・その他 　①　為替レートの変動について 　②　金利の変動について 　③　自然災害，不測の事故，感染症等について 　④　中期経営計画について 　⑤　㈱三菱ケミカルホールディングスとの資本関係について 　⑥　のれん及び無形資産について 　⑦　情報管理について 　⑧　気候変動等環境課題について 　⑨　新型コロナウイルス感染症の影響について	のれんの評価 関連

（※）2020年10月1日付で日本酸素ホールディングス㈱に商号変更している。

事例26-2 住友商事㈱　2020年3月期有価証券報告書

事業等のリスクの項目	KAMの項目（連結）
（1）新型コロナウイルスに係るリスク （2）事業投資に係るリスク 　①　全般 　②　大型案件に係るリスク　　　　関連 　　　(a) アンバトビー ◀ 　　　(b) Fyffes ◀　　　　　関連 　③　鉱物資源，石油，ガス開発・生産事業に係るリスク （3）タイプ別リスク 　①　信用リスク 　②　商品市況の変動に係るリスク 　③　カントリーリスク 　④　金利・為替の変動に係るリスク 　⑤　株式市場の変動に係るリスク 　⑥　不動産等，固定資産の価値下落に係るリスク 　⑦　情報セキュリティに係るリスク 　⑧　リーガル・コンプライアンスリスク 　⑨　訴訟等に関するリスク 　⑩　社会・環境リスク 　⑪　自然災害等に関するリスク 　⑫　オペレーショナルリスク 　⑬　資金の流動性に関するリスク 　⑭　繰延税金資産に関するリスク 　⑮　人材確保に関するリスク （4）集中リスク	• マダガスカルニッケル事業を営む持分法適用会社が保有する固定資産の評価 • 欧米州青果事業における無形資産の評価 • 鋼管事業における無形資産の減損損失の測定

Q27 「会計上の見積りの開示に関する会計基準」とKAM

企業会計基準第31号「会計上の見積りの開示に関する会計基準」（会計上の見積り開示基準）が2021年3月31日以後終了する事業年度から適用となりますが，KAMとの関係で留意すべき事項はありますか？

Answer Point

- 会計上の見積りは不確実性を伴うため，監査においては見積りの合理性を検討することになります。特に不確実性の高い会計上の見積りは，KAMとして決定される可能性が高い項目です。

- 有価証券報告書のMD＆Aにおいては，重要な会計上の見積りおよび当該見積りに用いた仮定についての開示が求められています。また，2021年3月31日以後終了する事業年度からは会計上の見積り開示基準が適用となり，財務諸表において「重要な会計上の見積りに関する注記」が行われます。

- 企業は，会計上の見積りの開示基準の開示目的に沿って注記を行い，監査人は適正表示の観点からその妥当性を判断します。また，監査人がKAMに会計上の見積りに関する事項を記載する場合において，未公表の情報があるときは，KAMと併せて想定利用者が内容を適切に理解できるように，開示の充実を促すことになります。

POINT
1/7

(1) 会計上の見積りとKAM

　企業会計基準第24号「会計方針の開示，会計上の変更及び誤謬の訂正に関する会計基準」第4項(3)においては，会計上の見積りについて，「資産及び負債や収益及び費用等の額に不確実性がある場合において，財務諸表作成時に入手可能な情報に基づいて，その合理的な金額を算出すること」とされています。

　会計上の見積りは，一定の仮定を置き，データや見積方法を用いて算出しますが，その選択によって計算結果が異なることになります。そのため，会計上の見積りにあたっては，最善の見積りを行って金額を算定することが求められます。なお，財務諸表作成時において最善の見積りを行った場合には，実績が確定したときの見積り金額との差額は誤謬には当たらないものと考えられます（企業会計基準第24号第55項）。

　したがって，監査においても，会計上の見積りが合理的であるかどうか，また，会計上の見積りの内容についての開示が適切であるかどうかについて検討することが重要となります。

　会計上の見積りには様々なものがあり，見積りの不確実性の程度は異なります。例えば，将来の事業計画などの仮定については，予測等に基づく主観的な情報に拠らざるを得ない場合があり，経営者の判断に依存する程度が高く，見積りの不確実性が高いといえます。監査人は，不確実性の程度等に応じて監査手続を実施し，見積りの合理性を検討します。不確実性の高い会計上の見積りは，監査において高度な判断が必要となることが多く，監査においても重要な論点といえます。

　KAMの決定にあたっては，監査人は監査役等とコミュニケーションを行っ

た事項から特に注意を払った事項を決定し、さらに職業的専門家として特に重要と判断した事項をKAMとして決定します（監基報701第8項、第9項）。特に注意を払った事項の決定にあたっては、「見積りの不確実性の程度が高い会計上の見積りを含む、経営者の重要な判断を伴う財務諸表の領域に関連する監査人の重要な判断」（監基報701第8項(2)）を考慮するとされています。会計上の見積りは特別な検討を必要とするリスクに該当することもあり、そのような場合にはKAMとして識別される可能性は高くなります（監基報701 A17項）。また、財務諸表の利用者が財務諸表を理解するにあたっての重要性や、専門的な知識の必要性、監査人の判断が主観的になるかどうか等も考慮し、KAMとなるかどうかが判断されます（監基報701 A29項）。

(2) 会計上の見積りに関する開示

　会計上の見積りの方法や見積りの基礎となる情報が財務諸表作成時にどの程度入手可能であるかは様々であり、財務諸表に計上する金額の不確実性の程度も様々となります。そのため、会計上の見積りについて、利用者の理解に資する情報を開示することが重要といえます。

　会計上の見積りの開示については、以下のような規定があります。

①　有価証券報告書「事業の状況」における開示
　有価証券報告書の「第2　事業の状況」の「経営者による財政状態、経営成績及びキャッシュ・フローの状況の分析」（以下、「MD&A」という）においては、会計上の見積りや当該見積りに用いた仮定について、以下の事項を記載するとされています（開示府令第三号様式記載上の注記(12)、第二号様式記載上の注意(32)a(g)）。

　連結財務諸表の作成に当たって用いた会計上の見積り及び当該見積りに用いた仮定のうち、重要なものについて、当該見積り及び当該仮定の不確実性の内容やその変動により経営成績等に生じる影響など、「第5　経理の状況」に記載した会計方針を補足する情報を記載すること。ただし、記載すべき事項の全部又は一部を「第5　経理の状況」の注記において記載した場合には、その旨を記載するこ

> とによって，当該注記において記載した事項の記載を省略することができる。

②　財務諸表における開示

　2021年3月31日以後終了する事業年度の年度末に係る財務諸表から企業会計基準第31号「会計上の見積りの開示に関する会計基準」（以下，「会計上の見積り開示基準」という）が適用となり，財務諸表において「重要な会計上の見積りに関する注記」が行われます（会計上の見積り開示基準第10項，財規第8条の2の2）。

　この注記は，当年度の財務諸表に計上した金額が会計上の見積りによるもののうち，翌年度の財務諸表に重要な影響を及ぼすリスクがある項目における会計上の見積りの内容について，財務諸表利用者の理解に資する情報を開示することを目的としています（会計上の見積り開示基準第4項）。

　具体的には，**図表27-1**の事項について注記することとされています（会計上の見積り開示基準第6項～第8項）。

図表27-1　注記事項

(1)会計上の見積りの内容を表す項目名

(2)当年度の財務諸表に計上した金額

(3)会計上の見積りの内容について財務諸表利用者の理解に資するその他の情報
(例)　当年度の財務諸表に計上した金額の算出方法
　　　当年度の財務諸表に計上した金額の算出に用いた主要な仮定
　　　翌年度の財務諸表に与える影響

※（2）および（3）の事項について，会計上の見積りの開示以外の注記に含めて記載している場合には，当該他の注記を参照することにより，当該事項の記載に代えることができる。

なお，連結財務諸表を作成している場合には，個別財務諸表の注記の一部について，連結財務諸表の注記への参照や一定の簡素化が認められています（会計上の見積り開示基準第9項）。

③　開示事項の記載場所

2021年3月31日以後終了する事業年度の財務諸表からは，会計上の見積り開示基準で求められている注記事項は財務諸表の注記として記載する必要があると考えられます。

財務諸表への注記を行ったうえで，MD&Aにおいて開示すべき事項が財務諸表の注記に開示されていれば当該注記を参照する形とし，MD&Aにおいて開示すべき事項のうち財務諸表の注記において開示されていない事項があれば，MD&Aにおいて開示する必要があると考えられます（金融庁「『記述情報の開示の充実に向けた研修会』における説明資料」（2020年3月6日）35頁）。

（3）会計上の見積り開示基準に関連する監査上の留意事項

①　会計上の見積りに関する注記の記載の検討

監査上，会計上の見積り開示基準の取扱いについて理解し，開示が適切に行われているかどうか検討することが重要です。会計上の見積りがKAMとして取り扱われる場合には，会計上の見積りに関する注記において記載された内容が，KAMの内容および決定理由の中で説明されることがあります。

会計上の見積りに関する注記については，以下の点に留意する必要があります。

　(a)　開示目的に基づく判断

会計上の見積りに関する注記では，翌年度の財務諸表に重要な影響を及ぼすリスクがある項目における会計上の見積りの内容について，財務諸表利用者の理解に資する情報を開示することを目的としています（会計上の見積り開示基

準第4項)。そのため，**図表27-1**の「(2) 当年度の財務諸表に計上した金額」や「(3) 会計上の見積りの内容について財務諸表利用者の理解に資するその他の情報」の具体的な内容や記載方法については，開示目的に照らして判断することとされていることに留意が必要です。

また，「(2) 当年度の財務諸表に計上した金額」については，財務諸表に表示された金額そのものではなく，会計上の見積りの開示の対象項目となった部分に係る計上額が開示される場合もありうるとされています(会計上の見積り開示基準27項)。

(b) 識別する項目

会計上の見積りに関する注記に記載する項目は，翌年度の財務諸表に重要な影響を及ぼすリスクがある項目とされていることに留意が必要です。例えば，固定資産について減損損失の認識を行わないとした場合でも，翌年度の財務諸表に重要な影響を及ぼすリスクがある場合には，開示する項目として識別する可能性があります。また，当年度の財務諸表に計上しないこととした負債を開示する項目として識別することを妨げないとされています(会計上の見積り開示基準第23項)。

(c) 企業の置かれている状況を理解できるような情報の記載

会計上の見積りは，企業の置かれている状況に即して行われるものであることから，企業の置かれている状況について財務諸表利用者が理解できるような情報を開示する必要があることに留意が必要です(会計上の見積り開示基準第18項，第29項，第30項)。

② KAMの決定理由の記載

KAMの決定理由の記載にあたっては，どの企業にも共通する一般的な要因だけでなく，対象となる企業の事業内容および事業環境に紐付いた固有の要因を含めて記載することが適切とされていることに留意する必要があります。特に会計上の見積りについては，以下に例示した点を参考に，どのような点が決

定理由となっているのかを個々の状況に即してポイントをよく検討したうえで記載するとされています（JICPA・KAMQ&A Q2‐9）。

- 経営者が適用している見積りの手法の複雑性，複雑な手法となっている要因
- 経営者が採用している重要な仮定の主観性の程度，主観性が高い理由
- 重要な仮定を左右する要因
- 専門的な知識の必要性

③　KAMに記載する会計上の見積りに関する開示の充実と促進

監査人は適正表示の観点から開示の妥当性を判断するとともに，KAMに記載する会計上の見積りに関する事項については，特にKAMと併せて想定利用者が内容を適切に理解できるように開示の充実を促すことになります。監査人が開示の充実を促すにあたっては，会計上の見積り開示基準において記載すべき事項が注記されているかどうか，MD&Aなど財務諸表以外に記載されている場合には財務諸表および監査人が監査の過程で得た知識との間に重要な相違が生じていないかどうかに留意が必要です。

④　KAMとその他の記載内容の整合性

有価証券報告書に記載されるMD&A等，「その他の記載内容」（監査した財務諸表を含む開示書類のうち当該財務諸表と監査報告書とを除いた部分の記載内容）については，2020年11月6日の監査基準の改訂（2022年3月決算に係る財務諸表の監査から実施。2021年3月決算に係る財務諸表の監査から実施可能）によって，監査人は，その他の記載内容を通読し，以下に気が付いたかどうか，その有無を監査報告書の「その他の記載内容」の区分において報告することが求められています。

- 財務諸表のみならず監査人が監査の過程で得た知識とその他の記載内容との間の重要な相違
- 財務諸表および監査人が監査の過程で得た知識と関連しないその他の記載内容の重要な誤り

　これに従って，事業等のリスクやMD&A等，その他の記載内容を通読する場合，KAMと関連する記載に関して，監査人は，当該記載とKAMの作成を含め，監査の過程において得た知識との間に重要な相違が生じていないかどうかについて，検討することが求められます。なお，重要な相違に気が付いた場合には，経営者や監査役等と協議を行うなど追加の手続の実施が求められること，また，「その他の記載内容」に重要な誤りがあるが，当該重要な誤りが解消されない場合には，監査報告書にその旨およびその内容を記載するなどの適切な対応が求められることに留意が必要です。

Q28 継続企業の前提に重要な疑義を生じさせるような事象または状況とKAM

継続企業の前提に重要な疑義を生じさせるような事象または状況が存在する場合，（1）当該事象または状況を解消し，または改善するための対応をしてもなお継続企業の前提に重要な不確実性が認められる場合と，（2）継続企業の前提に重要な不確実性が認められない場合とで，有価証券報告書における開示とKAMは，それぞれどのような取扱いになりますか？

Answer Point

POINT

- （1）の場合には，有価証券報告書上は「事業等のリスク」および「財務諸表の注記」に継続企業の前提に関する開示が行われます。監査報告書上は，「継続企業の前提に関する重要な不確実性」の区分において継続企業の前提に重要な不確実性が認められる旨等が記載されます。

- （2）の場合には，有価証券報告書上は「事業等のリスク」にのみ，継続企業の前提に関する開示が行われます。監査報告書上は，継続企業の前提に重要な不確実性は認められないとの結論に至るまでに検討した事項が，KAMとなる可能性があります。

継続企業の前提（GC：Going Concern）に重要な疑義を生じさせるような事象または状況に関する対応を図示すると，次のようになります。

図表28-1　継続企業の前提

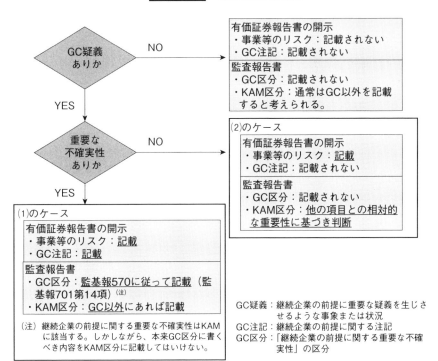

GC疑義：継続企業の前提に重要な疑義を生じさせるような事象または状況

GC注記：継続企業の前提に関する注記

GC区分：「継続企業の前提に関する重要な不確実性」の区分

（1）継続企業の前提に重要な不確実性が認められる場合

① 有価証券報告書上の開示

（a）「事業等のリスク」における開示

　継続企業の前提に重要な疑義を生じさせるような事象または状況その他提出

会社の経営に重要な影響を及ぼす事象が存在する場合，以下の内容を有価証券報告書の「事業等のリスク」に記載する必要があります（開示府令第三号様式記載上の注意（11），第二号様式記載上の注意（31）b）。

- その旨
- 具体的な内容
- 当該重要事象等についての分析・検討内容
- 当該重要事象等を解消し，または改善するための対応策

上記の「事業等のリスク」における開示は，重要な不確実性の有無にかかわらず，継続企業の前提に重要な疑義を生じさせるような事象または状況その他提出会社の経営に重要な影響を及ぼす事象が存在する場合に必要となる記載です。

(b) 財務諸表への注記

継続企業の前提に重要な疑義を生じさせるような事象または状況が存在する場合であって，当該事象または状況を解消し，または改善するための対応をしてもなお継続企業の前提に関する重要な不確実性が認められるときは，財務諸表において継続企業の前提に関する注記として，次の事項を注記する必要があります。ただし，貸借対照表日後に重要な不確実性が認められなくなった場合は，注記は不要とされています（財務諸表等規則第8条の27）。

- 当該事象または状況が存在する旨およびその内容
- 当該事象または状況を解消し，または改善するための対応策
- 当該重要な不確実性が認められる旨およびその理由
- 当該重要な不確実性の影響を財務諸表に反映しているか否かの別

② 監査人の監査報告書の取扱い

継続企業の前提に関する重要な不確実性は，その性質上KAMに該当しますが，KAMの区分には記載されず，別の区分で記載されます（監基報701第14項）。

つまり，継続企業を前提として財務諸表を作成することが適切であり，重要

な不確実性について適切な注記が行われている場合には，監査人は，監査報告書に「継続企業の前提に関する重要な不確実性」の区分を設けて，継続企業の前提に関する重要な不確実性が認められる旨および当該事項は監査人の意見に影響を及ぼすものではない旨を記載します（監基報570第21項）。また，補足的な情報として，継続企業の前提に関する評価についての監査上の対応等を記載することがあるとされています（監基報570 A29項）。

（2）継続企業の前提に重要な不確実性が認められない場合

①　有価証券報告書上の開示

　継続企業の前提に重要な疑義を生じさせるような事象または状況が存在する場合には，対応により継続企業の前提に重要な不確実性が認められない場合でも，（1）①(a)に記載した事項を，「事業等のリスク」に記載する必要があります。

　一方で，継続企業の前提に重要な不確実性が認められない場合には，（1）①(b)の財務諸表への注記までは求められていません。

②　監査人の監査報告書の取扱い

　継続企業の前提に重要な疑義を生じさせるような事象または状況が存在するが，重要な不確実性については認められないとの結論になった場合でも，その結論に至るまでに検討した事項がKAMとなる可能性があります（監基報701 A41項）。

　当該事項がKAMとなるかどうかは，継続企業の前提に関する疑義が生じている程度や状況，重要な不確実性が生じていないことを確かめるために実施した監査手続等を勘案して，他の項目との相対的な重要性に基づき判断するものと考えられます。

事例編

Q29 　早期適用事例の傾向および内容

日本において，2020年3月期からKAMが早期適用されたとのことですが，早期適用事例の傾向や内容について教えてください。

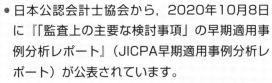

·Answer Point·

POINT

- 日本公認会計士協会から，2020年10月8日に『「監査上の主要な検討事項」の早期適用事例分析レポート』（JICPA早期適用事例分析レポート）が公表されています。
- KAMは，2020年3月31日以後終了する事業年度（ただし，米国証券取引委員会登録会社においては2019年12月31日以後終了する事業年度）に係る監査から早期適用が認められており，JICPA早期適用事例分析レポートでは，2020年3月期までにKAMを早期適用した会社48社が取り上げられています。

解　説

（1）業種別の適用状況

　日本公認会計士協会が2020年10月8日に公表した『「監査上の主要な検討事項」の早期適用事例分析レポート』（以下，「JICPA早期適用事例分析レポート」という）によれば，早期適用した企業の業種別内訳は，銀行業が6社と最も多く，次いで電気機器が5社，不動産業，証券・商品先物取引業がそれぞれ4社となっています。他方で，早期適用が1社もなかった業種も多く，業種によっ

て早期適用の状況に偏りがみられました。

（2）早期適用会社が適用する会計基準

　JICPA早期適用事例分析レポートによれば，早期適用会社が適用する会計基準は，日本基準が24社と最も多く，次いでIFRSが19社となっています。

（3）KAMの個数

　JICPA早期適用事例分析レポートによれば，1社当たりの平均個数は，連結財務諸表の監査報告書（以下，「連結」という）が2.2個，個別財務諸表の監査報告書（以下，「個別」という）が1.3個となっています。適用する会計基準の違いによって大きな差はありませんでした。

　連結よりも個別のほうが平均個数が少ないのは，例えば，財務諸表提出会社が純粋持株会社で実質的な事業活動を行っていないことから，個別の監査報告書ではKAMがないと判断した事例などがあったことによるものです。

（4）KAMの項目の傾向

　JICPA早期適用事例分析レポートによれば，監査領域別におけるKAMの個数については，会計上の見積り項目，特に資産の評価に関連するものが多く，固定資産の評価について連結19個，個別5個と最も多く，続いてのれんが連結17個となっています。また，貸倒引当金に関するKAMについても連結11個，個別4個となっています。

　会計上の見積り項目は，見積りに際して一定の仮定が置かれ，その仮定は経営者の判断に依存する側面があることから，監査上も慎重な対応が必要であるため，多くの事例においてKAMとして識別されたようです。

　また，その他の上位項目としては，収益認識や組織再編の事例が挙げられます。収益認識，すなわち売上高の監査手続は，関与先ごとに販売取引形態や慣習，商流等が異なるため，リスク評価やリスク対応手続に多くの監査工数を要すること，また組織再編が生じた場合には，重要な非経常取引として慎重な監査対応が必要であることから，特に注意を払った事項としてKAMとして識別されたものと考えられます。

(5) 会社法における任意適用

　KAMは金商法監査に対して導入された制度ですが，会社法監査への任意適用も認められています（Q 3 参照）。早期適用会社48社のうち 1 社が，会社法において任意適用をしています。

　JICPA早期適用事例分析レポートによれば，会社が会社法監査へのKAMの任意適用を提案した理由として，「KAMが記載された会社法上の監査報告書が株主総会前に株主に提供されることにより，会社法と金融商品取引法との監査報告書における情報格差を無くし，株主・投資家等のステークホルダーに対し，有用かつ適時な情報開示を一貫して行うことができると考えた」ことが挙げられています。

Q30 固定資産・のれんのKAM

固定資産やのれんの評価がKAMとして記載されることが多いのはなぜですか？
また固定資産やのれんを対象とするKAMの記載にはどのような特徴がありますか？

Answer Point

POINT

- 固定資産やのれんの残高は比較的多額となることが多く，またその評価は会計上の見積りを伴う領域であり，不確実性が相対的に高く，経営者の判断による影響を大きく受けることが多いことから，KAMとして記載されることが多いものと考えられます。

- 記載の特徴としては，減損損失を計上している場合だけではなく，減損兆候の判定や減損損失の計上要否の判定についてKAMとしているケースもみられます。また，その会社にとっての固定資産の事業上の用途やのれんの対象事業の内容など，各社固有の情報を織り込んだ説明が記載されている事例が多くみられます。

(1) 固定資産やのれんがKAMとされることが多い理由

　2020年3月期までにKAMの早期適用を行った48社のうち，KAMの対象として固定資産を記載している会社は19社，のれんを記載している会社は16社あり，いずれも減損損失に係る検討など，その評価がKAMの対象とされています。

　固定資産の減損損失の認識や測定は会計上の見積りを伴う領域であり，監査上は，会社の将来事業計画の検討など相対的に見積りの不確実性が高く，経営者の判断による影響を受けやすい領域といえます。KAMの決定プロセスにおいて，「見積りの不確実性の程度が高い会計上の見積りを含む，経営者の重要な判断を伴う財務諸表の領域に関連する監査人の重要な判断」（監基報701第8項）が考慮事項の1つとされており，この点からも，固定資産の評価をKAMの対象として選定するケースが相対的に多くなっているものと考えられます。

　また，のれんについても，昨今，多くの業種において企業買収の増加傾向がみられ，比較的多額ののれんを計上している会社が増加していること，また固定資産と同様に，その評価は会計上の見積りを伴う領域であることから，その評価をKAMの対象として選定するケースが相対的に多くなっているものと考えられます。

(2) KAMの記載内容・特徴

　2020年3月期までにKAMの早期適用を行った会社において，固定資産やのれんの評価について記載されているKAMの特徴は，以下のとおりです。

① 固定資産

　実際に減損損失を計上している場合のほか，減損兆候の判定についてKAMの対象としている事例もみられました。またIFRS適用会社では，耐用年数を確定できない無形資産の評価をKAMの対象とする事例もみられました。

　また，KAMの決定理由については，見積りの不確実性の高さや経営者の判断を伴うことを記載している事例が多く，特に将来キャッシュ・フローの見積りの前提となる将来事業計画に含まれる重要な仮定の合理性の評価にフォーカスした記載が多くみられます。そのほか，減損兆候の判定をKAMの対象としている場合には，その決定理由として，兆候有無の判断の複雑性を取り上げているケースもみられました。

② のれん

　のれんについても，実際に減損損失を計上している場合のほか，減損損失を計上していない場合でも，減損テストなど，その評価についてKAMの対象としている事例が多くみられます。

　また，KAMの選定理由についても，固定資産と同様，その評価において将来キャッシュ・フローやその前提となる将来事業計画の見積りに関して不確実性の高い見積要素が含まれることや経営者の判断を伴うことを理由としている事例が多くみられました。

(3) 早期適用事例

　以下は早期適用の具体的な事例です。

　1つ目の事例（**事例30-1**）は，有形固定資産および無形資産の減損について，減損テストが複雑であること，将来キャッシュ・フローの見積りおよび割引率については不確実性を伴い，経営者の判断が必要であることを理由としてKAMとしている事例です。

　2つ目の事例（**事例30-2**）は，のれんの評価について，回収可能価額の算定上，重要な仮定に関する不確実性や経営者による主観的判断，専門性を伴うために複雑であり，監査上，職業的専門家としての知識や判断を要することから，KAMとしている事例です。

　いずれの事例においても，使用価値の見積りにおける重要な仮定として事業計画等を明記し，これに影響を与える要因が具体的に記載されるとともに，事業計画が対象とする期間後における重要な仮定についても具体的に記載がなされています。

事例30-1　富士通㈱（監査人：EY新日本，2020年3月期）

連結（IFRS基準）

有形固定資産および無形資産の減損	
監査上の主要な検討事項の内容及び決定理由	**監査上の対応**
連結財務諸表注記4，8，9及び27に記載されているとおり，会社は2020年3月31日現在，有形固定資産570,170百万円，無形資産107,213百万円を計上しており，当連結会計年度に主に電子部品事業や海外事業の事業再編に関連して27,615百万円の減損損失を計上している。また，テクノロジーソリューションセグメントに含まれる，システムプラットフォーム事業に属する資産について，減損の兆候を識別し，減損テストを実施している。 　会社は減損テストにあたって，資金生成単位における回収可能価額を，見積将来キャッシュ・フローの割引現在価値として算定した使用価値により測定している。 　使用価値の見積りにおける重要な仮	当監査法人は，有形固定資産及び無形資産の減損を検討するにあたり，主として以下の監査手続を実施した。 ・使用価値の算定における評価方法を検証した。 ・将来キャッシュ・フローの予測期間について，関連する資産の残存耐用年数と比較した。 ・将来キャッシュ・フローについては，その基礎となる経営者によって承認された3ヶ年の中期経営計画との整合性を検証した。また，過年度における中期経営計画とその実績を比較した。 ・中期経営計画の見積りに含まれる主要なインプットである販売数量及び市場の成長率について，経営者と議論するとともに，市場予測及び利用

定は，経営者によって承認された3ヶ年の中期経営計画及び将来の不確実性を反映させた4年目以降の期間の将来キャッシュ・フローの見積り並びに割引率であり，割引率は加重平均資本コストを基礎として算定している。中期経営計画及びその後の将来キャッシュ・フローは，主として販売数量の拡大及び市場の成長率の予測の影響を受ける。

　減損テストは複雑であり，将来キャッシュ・フローの見積り及び割引率については不確実性を伴い，経営者の判断が必要であるため，当監査法人は当該事項を監査上の主要な検討事項と判断した。

可能な外部データとの比較，類似企業との比較，並びに過去実績からの趨勢分析を実施した。
- 将来の不確実性を反映させた4年目以降の将来キャッシュ・フローの見積りに関して，経営者による将来の不確実性の評価について検討した。
- 割引率の構成要素については，市場予測及び利用可能な外部データと比較した。また，割引率に関して感応度分析を実施した。

（出所：富士通㈱　有価証券報告書-第120期（2019年4月1日-2020年3月31日））

事例30- 2　日立金属㈱（監査人：EY新日本，2020年3月期）

連結（IFRS基準）

非金融資産の減損	
監査上の主要な検討事項の内容及び決定理由	**監査上の対応**
会社は，「注10.のれん及び無形資産」に記載のとおり，当連結会計年度末において，重要なのれんとしてWaupaca Foundry, Inc.の買収に係る素形材製品におけるのれんを67,125百万円計上している。また，「注20.その他の収益及び費用」及び「注9.有形固定資産」に記載のとおり，当連結会計年度において，主に希土類磁石事業の事業環境の変化に伴い磁性材料事業の収益性が低下したこと等により，減損損失を総額で49,179百万円計上している。	当監査法人は，Waupaca Foundry, Inc.の買収に係る素形材製品におけるのれんが属する資金生成単位及び減損損失の認識が必要と判定された資金生成単位について，主として，以下の手続を実施した。 - 使用価値の算定における評価方法，永久成長率及び割引率並びに処分コスト控除後の公正価値の基礎となる不動産鑑定評価の検討において，当監査法人のネットワーク・ファームの評価専門家を関与させた。

会社は，のれんが属する資金生成単位及び減損の兆候があると判定された資金生成単位について減損テストを実施しており，その際の回収可能価額は処分コスト控除後の公正価値又は使用価値により算定している。使用価値は，将来キャッシュ・フローの割引現在価値として算定しており，将来キャッシュ・フローは経営者によって承認された事業計画等を基礎とし，事業計画が対象とする期間後は，市場の長期平均成長率の範囲内で見積った成長率をもとに算定している。使用価値の見積りにおける重要な仮定は，主として当該事業計画における将来キャッシュ・フローの見積り，永久成長率及び割引率等である。なお，事業計画は，受注・販売数量及び市場成長率等の影響を受ける。

非金融資産の減損の監査は，回収可能価額の算定上，重要な仮定に関する不確実性及び経営者による主観的判断並びに専門性が伴うために複雑であり，職業的専門家としての知識や判断を要することから，当監査法人は当該事項を監査上の主要な検討事項とした。

- 事業計画の見積りに含まれる受注・販売数量及び市場成長率について，経営管理者等と協議するとともに，市場予測及び利用可能な外部データと比較し，顧客から入手した発注見込数量との整合性を検討した。
- 将来キャッシュ・フローについて，経営者によって承認された事業計画との整合性を検討した。
- 経営者の見積りプロセスの有効性を評価するために，過年度における事業計画とその後の実績を比較した。
- 永久成長率等の重要な仮定の変化が使用価値に与える影響を分析することにより，経営者が採用した重要な仮定を評価した。
- 経営管理者等への質問等により，新型コロナウイルス感染症の拡大に伴う経済活動の停滞は中長期的に回復するという仮定が，使用価値に与える影響を評価した。

（出所：日立金属㈱　有価証券報告書-第83期（2019年4月1日-2020年3月31日））

Q31 繰延税金資産のKAM

繰延税金資産のKAMにはどのような特徴があります
か？

·Answer Point·

POINT

● 将来の課税所得の見積りの前提となる将来事業
計画の合理性や実現可能性，タックス・プラン
ニングに基づく課税所得の見積りの妥当性など，
監査上，経営者が使用した仮定の検証に特に注
意を払った場合に，KAMとして選ばれること
が多いと考えられます。

解 説

（1）繰延税金資産をKAMとするケース

　繰延税金資産は，将来の課税所得により回収可能性があるもののみ計上が認
められています。すなわち，繰延税金資産は将来の税金負担を軽減する効果が
ある場合にのみ計上が認められるものであり，その計上額の算定にあたっては，
例えば，以下のような見積り要素を伴います。

- 繰延税金資産の回収可能性の判断のための企業分類
- 将来の課税所得の見積りの前提となる将来の収益力
- タックス・プランニングに基づく一時差異等加減算前課税所得の見積額
- 将来減算一時差異の解消見込年度のスケジューリング

このように，繰延税金資産の回収可能性の判断にあたっては，将来の課税所得の見積りが経営者の将来予測に基づき作成される事業計画を基礎とすること，タックス・プランニングが対象資産の売却等に係る経営者の意思決定に依存すること等を理由に，監査上，評価の妥当性の検証について慎重な対応が必要であることから，他の会計上の見積り項目と同様，KAMとして識別されるケースが多くなっています。

（2）早期適用事例

2020年3月期までにKAMの早期適用を行った48社のうち連結6社，個別1社が繰延税金資産の評価をKAMとしています。

KAMの早期適用の事例において記載された決定理由としては，例えば，以下のものがみられます
- 将来の課税所得の見積りの基礎となる将来の事業計画は，経営者の判断を伴う重要な仮定（例えば，将来の売上高の予測）に基づくため，不確実性を伴い，経営者による判断が重要な影響を及ぼす。
- 繰延税金資産の回収可能性は，「繰延税金資産の回収可能性に関する適用指針」で示されている会社分類の妥当性，将来減算一時差異の将来解消見込年度のスケジューリング等に依存し，これらは経営者の重要な判断と見積りの要素を伴う。

特に，将来の課税所得の見積りの基礎となる将来の事業計画の合理性・実現可能性は，繰延税金資産の評価に重要な影響を与えるため，監査の重点事項となることが多く，KAMの決定理由として挙げられることが多いと考えられます。

また，監査上の対応として記載された主な監査手続には，例えば，以下のものがみられます。
- 将来の事業計画の策定に用いた仮定を含む，繰延税金資産の回収可能性の

判断に関連する内部統制の整備・運用状況の評価手続

- 将来の事業計画に含まれる主要な仮定の合理性を評価するため，外部調査機関の調査結果やその他関連資料等との整合性を確かめる手続
- 将来の事業計画の実現可能性を評価するため，過年度の将来課税所得の見積りと実績の比較分析
- 将来減算一時差異の解消見込年度のスケジューリングに用いられた主要な仮定の合理性を評価するため，関連資料の閲覧，突合，質問による手続

次に早期適用の具体的な事例を紹介します。

1つ目の事例（**事例31-1**）は，将来の課税所得の基礎となる事業計画は，経営者の判断を伴う重要な仮定により影響を与えることを理由にKAMとして識別しています。事業計画の合理性を検証するために，重要な仮定である売上収益の成長の見込みおよび原料価格の市況推移の見込みに焦点を当てて検証しているほか，一時差異および税務上の繰越欠損金の残高については，税務の専門家も関与させています。

事例31-1　㈱三菱ケミカルホールディングス（監査人：EY新日本，2020年3月期）

連結（IFRS基準）

繰延税金資産の評価	
監査上の主要な検討事項の 内容及び決定理由	監査上の対応
会社は，2020年3月31日現在，連結財政状態計算書上，繰延税金資産を74,049百万円計上しており，連結財務諸表注記12.に関連する開示を行っている。 　会社は，将来減算一時差異及び税務上の繰越欠損金に対して，予定される繰延税金負債の取崩，予測される将来課税所得及びタックス・プランニング	当監査法人は，繰延税金資産の評価を検討するに当たり，主として以下の監査手続を実施した。 ・一時差異及び税務上の繰越欠損金の残高について，税務の専門家を関与させ検討するとともに，その解消スケジュールを検討した。 ・経営者による将来の課税所得の見積りを評価するため，その基礎となる

を考慮し，繰延税金資産を認識している。特に，会社は，過年度に生じた税務上の繰越欠損金を有しており，予測される将来の課税所得の見積りに基づき，税務上の繰越欠損金に対する繰延税金資産を52,950百万円計上している。

将来の課税所得の見積りは，将来の事業計画を基礎としており，そこでの重要な仮定は，主に売上収益の成長の見込み及び原料価格の市況推移の見込みである。

繰延税金資産の評価は，主に経営者による将来の課税所得の見積りに基づいており，その基礎となる将来の事業計画は，経営者の判断を伴う重要な仮定により影響を受けるものであるため，当監査法人は当該事項を監査上の主要な検討事項に該当するものと判断した。

将来の事業計画について検討した。将来の事業計画の検討にあたっては，経営者によって承認された直近の予算との整合性を検証するとともに，過年度の事業計画の達成度合いに基づく見積りの精度を評価した。また，新型コロナウイルス感染症の影響について経営者と議論し，収束時期や収束後の市場動向に関する経営者の仮定を評価した。

- 将来の事業計画に含まれる重要な仮定である売上収益の成長の見込み及び原料価格の市況推移の見込みについては，経営者と議論するとともに，過去実績からの趨勢分析及び利用可能な外部データとの比較を実施した。
- 将来の事業計画に一定のリスクを反映させた経営者による不確実性への評価について検討した。

（出所：㈱三菱ケミカルホールディングス　有価証券報告書-第15期（2019年4月1日-2020年3月31日））

　2つ目の事例（**事例31-2**）については，繰延税金資産の評価のために経営者が使用している仮定は，将来の市場動向や経済情勢，会社の決定の影響を受けることから，その評価に影響を与えることを理由にKAMとして識別しています。

　監査上の対応として，関連する内部統制の有効性の評価手続を実施するとともに，将来の課税所得の基礎となる事業計画の合理性を確かめるために，過去に見積られた課税所得に対応する実績との比較や，仮定および予測の変化を想定した場合の感応度の評価などを検証しています。

事例31-2 野村ホールディングス㈱（監査人：EY新日本，2020年3月期）

連結（SEC基準）

繰延税金資産の評価の妥当性	
監査上の主要な検討事項の内容及び決定理由	監査上の対応
「注記16　法人所得税等」に記載されているとおり，2020年3月31日において，会社は，評価性引当金388十億円を控除した繰延税金資産151十億円を計上している。繰延税金資産は，すべての利用可能な証拠に基づき，回収できないと予想される一部または全部について，評価性引当金により減額される。 経営者の繰延税金資産の回収可能性の評価の過程には重要な判断が伴うため，繰延税金資産の回収可能性の評価に際しての分析の妥当性の監査は複雑かつ高度な判断が必要となる。例えば，経営者が使用している仮定は，将来の市場動向や経済情勢，会社の決定の影響を受け，これにはビジネスプラットフォームの再構築及び新型コロナウイルス感染拡大に関連する影響が含まれる。これらの仮定は，繰延税金資産の回収可能性の評価に使用する収益や費用の予測に影響を与えることから，繰延税金資産の評価の妥当性を監査上の主要な検討事項に該当するものと判断した。	経営者による繰延税金資産の回収可能性の評価に関する重要な虚偽表示リスクに対応する内部統制を理解し，整備及び運用状況の有効性の評価手続を実施した。これには，ビジネスプラットフォームの再構築及び新型コロナウイルス感染拡大に関連する影響，将来加算一時差異の解消ならびにタックス・プランニングの識別及び利用を含めた将来の課税所得の予測に関する内部統制が含まれる。 また，繰延税金資産の回収可能性の評価のために実施した監査手続には，取締役会及び経営会議の資料及び議事録を閲覧し，経営者の将来の課税所得及び将来減算一時差異等の解消時期の見積りが事業計画と整合しているかどうかの検討を含む。例えば，過去に見積もられた将来の課税所得と対応する実績の比較，その時点の経営者による市況や経済情勢に関する考慮事項と対応する実績の比較及び関連する仮定及び予測について合理的に起こり得る変化を想定した場合の結果の感応度を評価することにより，会社が将来の課税所得を予測するために用いた仮定を評価し，その予測に使用された基礎データの網羅性と正確性を検証した。

（出所：野村ホールディングス㈱　有価証券報告書-第116期（2019年4月1日-2020年3月31日））

Q32 棚卸資産のKAM

棚卸資産のKAMにはどのような特徴がありますか？

Answer Point

POINT

- 棚卸資産の評価は，正味売却価額の算定の基礎となる売価や見積追加コストに関して，経営者の主観的な判断に依拠する場合が多く，見積りの不確実性を伴うことから，KAMとして選定されることが考えられます。特に，不動産業における販売用不動産は，個別性が高く，金額的重要性も高いことから，KAMとして選定される可能性が高くなると考えられます。

(1) 棚卸資産をKAMとするケース

　棚卸資産の貸借対照表価額は，収益性が低下した場合，通常，正味売却価額で算定されます。その算定にあたっては，市場価格が存在する場合は当該市場価格に基づく価額を利用しますが，市場価格が存在しない場合には合理的に算定された価額を用います。この点，棚卸資産に市場価格が存在することは多くないため，合理的に算定された価額を算定する必要がありますが，その価額は，実務上，期末日前後での販売実績に基づく価額や，特定の販売先との間の契約で取り決められた一定の売価を基礎に見積られます（棚卸資産の評価に関する会

計基準第 8 項，第48項）。正味売却価額の算定は，例えば，期末日前後での販売実績を把握することが困難である等，見積りの不確実性が高い場合もあり，監査上，慎重な対応が求められます。

また，不動産業における販売用不動産についても，正味売却価額の算定にあたっては，当該不動産の販売見込額や造成・建設工事原価今後発生見込額等を見積る必要があり，経営者の主観的な判断に依拠する場合が多いこと，および不動産という性質上，金額的重要性も高いことから，監査上，慎重な対応が必要です。

このように，棚卸資産の正味売却価額の算定において，経営者の主観的な判断に依存する側面が多く，その見積りの不確実性が高い場合には，KAMとして選定される可能性は高いと考えられます。

（2）早期適用事例

2020年 3 月期までにKAMの早期適用を行った48社のうち 4 社が棚卸資産をKAMとしていますが，このうち 3 社が不動産業であり，いずれの会社も販売用不動産（仕掛販売用不動産，開発用不動産を含む）の評価をKAMとして選定していました。以下，早期適用の具体的な事例を紹介します。

1つ目の事例（**事例32-1**）は，不動産業における販売用不動産の評価に関する事例です。

KAMの決定理由としては，販売用不動産等の正味売却価額の算定の基礎となる売価および見積追加コストに含まれる開発コストの見積りが，経済環境や金利の変動その他の外部要因，各種法制度の変更，災害等により大きく影響を受けるため，見積りの不確実性が高く，経営者の主観的判断による程度が大きいことが記載されています。

　また，監査上の対応においては，販売用不動産等の評価に係る内部統制の整備・運用状況の有効性の評価に加え，正味売却価額の見積りの合理性を評価するための監査手続（不動産評価の専門家の利用を含む）が具体的に記載されています。

事例32-1　三井不動産㈱（監査人：あずさ，2020年3月期）

連結（日本基準）

分譲事業に関する販売用不動産等の評価の合理性	
監査上の主要な検討事項の内容及び決定理由	**監査上の対応**
三井不動産株式会社の当連結会計年度の連結貸借対照表において，分譲事業に関する販売用不動産1,043,889百万円，仕掛販売用不動産516,997百万円及び開発用土地318,411百万円が計上されており，これらの合計金額（以下「販売用不動産等」という。）の連結総資産に占める割合は25％程度である。このうち，分譲事業に関する販売用不動産等の評価に係る事項は，長期間の滞留や収益性が低下している販売用不動産等に関連する。 　これらの販売用不動産等の評価に関して，注記事項（連結財務諸表作成のための基本となる重要な事項）の「4. 会計方針に関する事項（1）重要な資産の評価基準および評価方法〔たな卸資産〕」に，経営者による説明が記述されている。 　販売用不動産等の正味売却価額の算定の基礎となる売価及び見積追加コストに含まれる開発コストの見積りは個別物件ごとに行われるが，長期にわた	当監査法人は，分譲事業に関する販売用不動産等の評価の合理性を検証するため，主に以下の監査手続を実施した。 （1）内部統制の評価 　販売用不動産等の評価に係る内部統制の整備・運用状況の有効性を評価した。 （2）正味売却価額の見積りの合理性の評価 ● 個々の販売用不動産等の売価の見積りについて，必要に応じて不動産評価の専門家を利用して，主に以下の手続を実施した。 　● 売価の算定方法について，会計基準の要求事項等を踏まえ，その適切性を評価した。 　● 売価の算定に用いる将来キャッシュ・フローの見積りについて，新型コロナウイルス感染症の影響を踏まえた今後の経済情勢を考慮し

る不動産開発及び売却活動の中で，経済環境や金利の変動，不動産市場における競合状況や不動産開発における外部要因，不動産関連税制や不動産及び金融関連法制の変更，自然災害や新型コロナウイルス感染症の影響等により大きく影響を受ける。このため，見積りの不確実性が高く，経営者の主観的な判断による程度が大きい。

　以上から，当監査法人は，分譲事業に関する販売用不動産等の評価の合理性が，当連結会計年度の連結財務諸表監査において特に重要であり，「監査上の主要な検討事項」の一つに該当すると判断した。

たうえで，将来キャッシュ・フローの見積りと，キャッシュ・フローの実績及びキャッシュ・フローに関して外部機関が公表している情報との比較により見積りの合理性を評価した。

- 売価の算定に用いる割引率の見積りについて，外部機関が公表している情報との比較により，その合理性を評価した。

- 開発中の販売用不動産等について，個々の販売用不動産等の開発計画の進捗状況及び蓋然性に関連する資料の閲覧を実施したほか，開発計画の達成可能性を経営者に質問した。また，開発計画の基礎となる開発コストや収益性の見積りについて，外部機関が公表している情報と比較し，その合理性を評価した。

（出所：三井不動産㈱　有価証券報告書-第108期（2019年4月1日-2020年3月31日））

　2つ目の事例（**事例32-2**）は，水産業における水産物の評価に関する事例です。

　KAMの決定理由としては，水産物の販売価額は，外部環境の影響を受けること，期末前後の販売実績に基づく価額等を把握することが困難なものが含まれること，および，仕掛品に含まれる養殖魚の正味売却価額は，将来の飼料コストの予測が必要になるなど，見積りに不確実性を伴い，経営者の判断による程度が大きいことが記載されています。

　また，監査上の対応においては，「商品及び製品」「仕掛品」の評価に関連する内部統制の整備・運用状況の有効性の評価に加え，正味売却価額の見積りの

合理性を評価するための監査手続が具体的に記載されています。

事例32-2 マルハニチロ㈱（監査人：あずさ，2020年3月期）

個別（日本基準）

「商品及び製品」及び「仕掛品」に含まれる水産物の評価

監査上の主要な検討事項の内容及び決定理由	監査上の対応
マルハニチロ株式会社の当事業年度の貸借対照表において，「商品及び製品」71,081百万円及び「仕掛品」15,538百万円が計上されている。これらのうち，『漁業・養殖』・『商事』・『海外』セグメントの商品及び製品（45,520百万円）並びに『漁業・養殖』セグメントの仕掛品（13,468百万円）は水産物であり，合計額58,989百万円は総資産の17％を占めている。 （重要な会計方針）1.（3）たな卸資産の評価基準及び評価方法に記載のとおり，たな卸資産の貸借対照表価額は収益性の低下に基づく簿価切下げの方法により算定しており，期末における正味売却価額が取得原価を下回っている場合には，当該正味売却価額をもって貸借対照表価額としている。 　水産物の販売価額は，魚種ごとの漁獲量や海外を含む競合他社との買付競争などに加え，国内における需要などの外部環境の影響を受ける。マルハニチロ株式会社が取扱う水産物は，長期間の冷凍保存等が可能である反面，期末前後での販売実績に基づく価額等を把握することが困難なものが含まれる。また，仕掛品に含まれる養殖魚の正味売却価額は，売価から飼料コスト等の	当監査法人は，「商品及び製品」及び「仕掛品」に含まれる水産物の評価の妥当性を検討するため，主に以下の監査手続を実施した。 （1）内部統制の評価 　「商品及び製品」及び「仕掛品」の評価に関連する内部統制の整備・運用状況の有効性を評価した。評価にあたっては，特にたな卸資産の評価に利用する情報の正確性及び目的整合性を担保するための統制に焦点を当てた。 （2）正味売却価額の見積りの合理性の評価 　過年度における正味売却価額の見積りとその後の販売価額及び飼料コストの実績とを比較し，その差異原因について検討することで，経営者による見積りの精度を評価した。そのうえで，養殖魚の飼料コストの予測を含む，当事業年度末における水産物の正味売却価額の見積りの合理性を評価するため，主に以下の手続を実施した。 ・商品及び製品のうち，期末前後での販売実績がある水産物の正味売却価額について，当該実績に基づく価額と照合した。

見積追加製造原価等を控除して見積られるため，将来の飼料コストの予測が必要となる。このような水産物の正味売却価額の見積りには不確実性を伴い，その経営者による判断が「商品及び製品」及び「仕掛品」の貸借対照表価額に重要な影響を及ぼす。

　以上から，当監査法人は，「商品及び製品」及び「仕掛品」に含まれる水産物の評価が，当事業年度の財務諸表監査において特に重要であり，「監査上の主要な検討事項」に該当すると判断した。

- 商品及び製品のうち，期末前後での販売実績のない水産物について，正味売却価額の見積りにあたって参照した価額及び当該価額からの調整内容を経営者及び漁業・養殖セグメントの責任者に対して質問したほか，中央卸売市場公表の市場統計情報等に基づく価額との整合性を確認した。

- 仕掛品に含まれる養殖魚の正味売却価額の見積りにあたって売価から控除する飼料コストの予測について，当事業年度におけるコストの実績及び過去複数年におけるコストの傾向等との整合性を確認した。

（出所：マルハニチロ㈱　有価証券報告書-第76期（2019年4月1日-2020年3月31日））

Q33　貸倒引当金のKAM

貸倒引当金を対象とするKAMの記載にはどのような
特徴がありますか？

Answer Point

POINT

● 貸倒引当金の見積りにおいて考慮する引当率の
設定や回収見込額の算定に経営者の重要な見積
りや判断を伴い，対象となる債権の金額の重要
性が高い場合には，KAMとなるケースが考え
られます。

解　説

(1) 貸倒引当金をKAMとするケース

　貸倒引当金は，債務者の財政状態および経営成績等に応じて対象債権を一定
の基準により区分し，それぞれの区分に応じた引当率をもとに引当額を見積る
方法や，債務者の状況に応じて個別に回収見込額を見積る方法があります。債
務者を分類するうえでは，過去の経営実績だけでなく，将来の事業計画や経済
情勢を踏まえた判断を行うため，経営者の重要な見積りや判断を伴います。ま
た，貸倒引当率を過去の貸倒実績率だけでなく将来の見通しも踏まえて算定す
る場合や，回収可能額を将来キャッシュ・フローに基づき見積る場合等におい
ても，将来の予測や不確実性を伴うため経営者の重要な見積りや判断を伴いま
す。このように貸倒引当金の見積りにおいて経営者の重要な見積りや判断を伴
う仮定があり，対象となる債権が金額的にも重要性が高い場合にはKAMとな

るケースが考えられます。

　製商品の販売やサービスの提供に伴う一般的な売上債権であれば，通常は短期間で債権が回収されますので，貸倒引当金の見積りをKAMにするほど重要性が高くなることはないと考えられます。しかし，金融やファイナンスを業務とする金融機関やリース業等の場合には，財務諸表における債権の重要性が高く，債権のポートフォリオに応じた引当金の設定が監査上最も留意すべきポイントにもなることから，KAMになりやすいものと考えられます。また，特定の取引先に債権が集中し，かつ回収期間が長期化するような大規模な開発のプロジェクトに係る債権についても，債権の回収に不確実性を伴う場合にはKAMとなることが考えられます。

（2）早期適用事例

　2020年3月期までにKAMの早期適用を行った48社のうち，11社が貸倒引当金をKAMとしていました。このうち，金融事業に関わる債権の評価を対象としているKAMが9社，リース事業の債権の評価を対象としているKAMが1社，海外関連会社に対する貸付金の評価を対象としているKAMが1社ありました。

　KAMとした決定理由としては，金融事業やリース事業の債権の貸倒引当金については，債務者区分や予想損失率の見積りに経営者の重要な見積りや判断を伴うこと，新型コロナウイルス感染症の拡大に対する不確実性があること，また回収可能性の見積りには経営者による判断を伴うこと等が記載されていました。また，個別に回収可能額を見積っている事例では，将来のキャッシュ・フローの見積りに高い不確実性を伴うことが記載されていました。以下は，早期適用の具体的な事例です。

　1つ目の事例（**事例33-1**）は，金融機関における貸付金の評価をKAMとしている例です。

　KAMの決定理由としては，与信先への内部格付の付与およびキャッシュ・フロー見積法に使用する将来キャッシュ・フローの見積りには，経営者の重要な判断や見積りを伴っていること，新型コロナウイルス感染症の拡大による影響が大きい業種・債務者属性において，事業環境が回復するのに要する期間および本邦GDP成長率の予測等の仮定等の将来見込みには経営者の重要な判断や見積りが伴っていること等が記載されています。

　監査上の対応においては，内部格付や貸倒引当金算定に関する内部統制の整備および運用状況の有効性の評価や，貸倒引当金の算定に対してどのような監査手続を実施したかについて，ネットワーク・ファームの評価専門家の関与も含め具体的に記載されています。

事例33-1　㈱みずほフィナンシャルグループ（監査人：EY新日本，2020年3月期）

連結（日本基準）

自己査定及び償却・引当の妥当性	
監査上の主要な検討事項の 内容及び決定理由	監査上の対応
会社は，「注記事項4．会計方針に関する事項（7）　貸倒引当金の計上基準」に記載されているとおり，自己査定基準，償却・引当基準に基づき，与信先の状況，差入れられた担保の価値及び経済動向等を考慮した上で，貸倒引当金を計上している。 　会社は，国内外に多様な業種の与信先を有し，国内外の景気動向，特定の業界における経営環境の変化，不動産等の資産価格下落等によっては，想定を超える新たな不良債権の発生，特定の業界の与信先の信用状態の悪化，担保・保証の価値下落等によって，与信関係費用の増加による追加損失が発生	当監査法人は，内部格付モデルの検証，内部格付の定例的な見直しや個別貸倒引当金を算定するための将来キャッシュ・フローの見積りの検証等を含む，内部格付の付与から自己査定，引当金算定に至る貸倒引当金算定に係るプロセス，及び信用リスクが高まっている業種・債務者属性の特定や貸倒引当金の修正方法の決定を含む将来見込み等を勘案した貸倒引当金計上額の必要な修正に係るプロセスの内部統制の整備及び運用状況の有効性の評価手続を実施した。 　また，当監査法人は以下の実証手続を実施した。

する可能性がある。

　貸倒引当金の計上の過程においては，多くの経営者の判断や見積りの要素を伴っているが，その中でも与信先への内部格付の付与及びキャッシュ・フロー見積法に使用する将来キャッシュ・フローの見積りには，経営者の重要な判断や見積りを伴っている。さらには，期末日現在に保有する債権の信用リスクが，会社の債権に影響を与える外部環境等の変化により過去に有していた債権の信用リスクと著しく異なる場合には，将来見込み等を勘案した貸倒引当金計上額の必要な修正が行われる。会社は，当連結会計年度において，将来見込み等を勘案した貸倒引当金計上額の必要な修正を行っており，具体的には，新型コロナウイルス感染症の拡大による影響が大きい業種・債務者属性を特定し，債務者ごとの事業環境が回復するのに要する期間及び本邦GDP成長率の予測等の仮定をもとに予想損失額を見積っている。斯かる将来見込み等には経営者の重要な判断や見積りが伴っている。

　また，連結貸借対照表に記載されているとおり，会社は，2020年3月31日において貸出金を83,468,185百万円，貸倒引当金を424,446百万円計上しており，財政状態及び経営成績への影響が大きいことから，与信先の内部格付，キャッシュ・フロー見積法に使用する将来キャッシュ・フローの見積り，及び将来見込み等を勘案した貸倒引当金計上額の必要な修正の妥当性を，監査

- 自己査定監査における内部格付の検証手続においては，検証対象の抽出に当たり，定量面のみならず，与信先の業種や財務内容等の観点から様々なリスクを考慮した上で，必要と考えられる件数を抽出した。また，個別の与信先の内部格付の検証において，会社の利用情報の一部について利用可能な外部情報との比較や，関連文書の閲覧，審査部門等への質問を実施した。

- 内部格付モデル及びキャッシュ・フロー見積法に使用されている将来キャッシュ・フローといった自己査定と償却・引当に関する重要な判断・見積りの要素を識別し，その要素ごとに，各種インプットデータの検証や再計算，過年度の見積りと実績値の結果との比較を実施し，複雑な仮定や計算を要する領域には内部の専門家（当監査法人又はネットワーク・ファームの評価専門家。以下同様。）を関与させた。

- 将来見込み等を勘案した貸倒引当金計上額の必要な修正を行う際，使用された債務者ごとの事業環境が回復するのに要する期間及び本邦GDP成長率の予測等の仮定について，利用可能な外部情報との比較を実施し，経営者の仮定を評価した。また，使用された仮定の中で複雑な計算を要する領域には内部の専門家を関与させた。

上の主要な検討事項であると判断した。

（出所：㈱みずほフィナンシャルグループ　有価証券報告書-第18期（2019年4月1日
　　　-2020年3月31日））

　2つ目の事例（**事例33-2**）は，海外関連会社に対する貸付金の評価をKAM
としている例です。

　KAMの決定理由としては，当該関連会社への貸付に係る貸倒引当金を将来
キャッシュ・フローの現在価値により見積りを行っており，その基礎となる事
業計画には将来の銅価格の推移等の高い不確実性が内在する仮定が含まれてい
ること，新型コロナウイルス感染症の拡大に伴う銅価格の下落の影響および回
復見込みの将来予測には経営者による判断を伴うことが記載されています。

　監査上の対応においては，貸付金の評価に関連する内部統制の整備・運用状
況の有効性の評価や，事業計画に含まれる主要な仮定に関する検討，新型コロ
ナウイルス感染症の拡大影響に関する検討について，ネットワーク・ファーム
の評価専門家の関与も含め，どのような手続を実施したかについても具体的に
記載されています。

事例33-2　住友金属鉱山㈱（監査人：あずさ，2020年3月期）

連結（IFRS基準）

Sierra Gorda S.C.Mへの貸付金に対する貸倒引当金の見積り	
監査上の主要な検討事項の 内容及び決定理由	監査上の対応
（連結財務諸表注記）15．その他の金融資産に記載のとおり，住友金属鉱山株式会社の当連結会計年度の連結財政状態計算書において，貸付金126,629百万円が計上されている。当該貸付金には，チリ共和国において銅鉱山開発・採掘を行う関連会社であるSierra Gorda S.C.M.に対する貸付金44,638百	当監査法人は，Sierra Gorda S.C.M.への貸付金に対する貸倒引当金の見積りの合理性を評価するため，主に以下の監査手続を実施した。 （1）内部統制の評価 　貸付金の評価に関連する住友金属鉱

万円が含まれており，連結総資産の2.6％に相当する重要な割合を占めている。なお，（連結財務諸表注記）14. 持分法で会計処理されている投資に記載のとおり，当連結会計年度末時点において，Sierra Gorda S.C.M.は191,159百万円の債務超過の状況にある。

（連結財務諸表注記）2．作成の基礎　（5）会計方針の変更及び33. 金融商品に記載のとおり，当連結会計年度から適用している国際会計基準第28号「関連会社及び共同支配企業に対する投資」の改訂により，関連会社又は共同支配企業に対する長期持分の会計処理の明確化がなされたことに伴い，Sierra Gorda S.C.M.への貸付金の帳簿価額107,021百万円から貸倒引当金62,383百万円が直接控除されている。貸倒引当金は，契約に従って債務者から企業に支払われるべきすべての契約上のキャッシュ・フローと，企業が受け取ると見込んでいるすべてのキャッシュ・フローとの差額の現在価値に基づいて算定されている。

　住友金属鉱山株式会社グループが受け取ると見込んでいるキャッシュ・フローは，債務者であるSierra Gorda S.C.M.の事業計画等を基礎として見積られているが，当該事業計画には将来の銅価格の推移等の高い不確実性が内在する仮定が含まれている。当連結会計年度においては，新型コロナウイルス感染症の拡大に伴って銅価格が下落しており，その影響及び今後の回復見込みがキャッシュ・フローの見積りに

山株式会社における内部統制の整備・運用状況の有効性を評価した。評価にあたっては，特に融資先の事業計画に含まれる主要な仮定である将来の銅価格の推移について不合理な仮定が採用されることを防止又は発見するための統制に焦点を当てた。

（2）貸付金から受け取ることが見込まれるキャッシュ・フローの見積りの合理性の評価

① Sierra Gorda S.C.M.の事業計画に含まれる主要な仮定に関する検討
　当監査法人は，Sierra Gorda S.C.M.の監査人及び同社に対して融資を行う連結子会社であるSMM Holland B.V.の監査人に対して，監査の実施を指示した。両監査人に対する指示の内容には，見積りの合理性を評価するために当監査法人が必要と判断した監査手続を実施することが含まれる。そのうえで，両監査人から以下を含む監査手続の実施結果についての報告を受け，十分かつ適切な監査証拠が入手されているかについて評価した。

・将来の銅価格の推移予測に関する算定根拠資料の閲覧及び基礎となった複数の外部機関による価格予想との照合

・当該銅価格の将来予測についての，Sierra Gorda S.C.M.の監査人が属するネットワークファームの評価の専門家を利用して独自に入手した非鉄金属関連の市場データとの比較検討

あたって追加的に考慮されている。このため，当該価格の将来予測についての経営者による判断が貸倒引当金の見積りに重要な影響を及ぼす。

　以上から，当監査法人は，Sierra Gorda S.C.M.への貸付金に対する貸倒引当金の見積りが，当連結会計年度の連結財務諸表監査において特に重要であり，「監査上の主要な検討事項」の一つに該当すると判断した。

②　新型コロナウイルス感染症の拡大影響に関する検討

　当監査法人は，キャッシュ・フローの見積りにあたって住友金属鉱山株式会社が追加的に考慮した，新型コロナウイルス感染症の拡大に伴う将来の銅価格の推移への影響について，その合理性を評価するために以下の手続を実施した。

• 過去の経済危機後の銅価格の回復傾向及び外部機関が公表しているGDP予測との比較検討

• 他の鉱山会社が公表している銅価格の将来予測との比較検討

（出所：住友金属鉱山㈱　有価証券報告書-第95期（2019年4月1日-2020年3月31日））

Q34 その他の引当金（貸倒引当金以外の引当金）のKAM

その他の引当金（貸倒引当金以外の引当金）を対象とするKAMの記載にはどのような特徴がありますか？

Answer Point

POINT

● 引当金の見積りは，複数の見積要因を用いて，将来予測を含む合理的な金額として算定されます。引当金の見積りにおいて考慮する諸要因が，経営者の重要な判断や，高い不確実性を伴う場合には，KAMとなるケースが考えられます。

解 説

（1）引当金の見積りをKAMとするケース

　会計上の見積りは，企業会計基準第24号「会計方針の開示，会計上の変更及び誤謬の訂正に関する会計基準」第4項(3)において，「資産及び負債や収益及び費用等の額に不確実性がある場合において，財務諸表作成時に入手可能な情報に基づいて，その合理的な金額を算出すること」と定義されています。引当金についても，将来の支払が想定される費用等で正確に測定することができず，いずれかの方法により合理的な金額を算出せざるを得ないため，性質上，経営者の重要な判断や将来予測の不確実性を伴う場合にKAMとなるケースが考えられます。また，見積りの性質上，専門家の関与を要する程の複雑さや専門性の高さを伴う場合もKAMとなるケースが考えられます。

Q33で取り上げている貸倒引当金以外のその他の引当金については，具体的な事例として，自動車メーカーのリコール時における将来修理費用の見積りに係る製品保証損失引当金，製薬業の販売時における一定条件の充足によって支払が予定されるリベートの引当金，金融業における過払利息返還に係る利息返還損失引当金，および法令等への違反や訴訟に係る引当金等が挙げられます。いずれの事例においても，複数の要因を用いて見積りを行い，それぞれの要因がどのような性質（経営者の重要な判断，見積りの不確実性，複雑さ，専門性等）を持ち合わせているのか，KAMの選定理由と関連付けて説明されています。

（2）早期適用事例

2020年３月期までにKAMの早期適用を行った48社のうち，７社（KAMは合計８個）が貸倒引当金以外の引当金をKAMとしていました。このうち，製品保証引当金を対象としているKAMが３社，法令等への違反や訴訟およびその他の法的手続に係る引当金ならびに偶発事象の開示を対象としているKAMが３社，工事損失引当金を対象としているKAMが１社，リベート引当金を対象としているKAMが１社ありました。

KAMとした決定理由としては，ほとんどのケースで，会計上の見積りにおいて経営者の判断または不確実性を伴うことが理由とされていました。また，これ以外に会計上の見積りにおける複雑性，財務諸表における重要性，会計上の見積りにおける専門的な技能や知識の必要性，監査証拠の入手の難易度が理由とされていました。以下は，早期適用の具体的な事例です。

１つ目の事例（**事例34-1**）は，自動車部品メーカーにおける製品保証引当金をKAMとしている例です。

KAMの決定理由としては，会計上の見積りを行う諸要因が，経営者の判断を伴う重要な仮定により影響を受けること，不確実性が高いこと，不具合の状

況によっては製品保証費用総額が高額になるおそれがあることが記載されています。

　監査上の対応においては，引当金の見積りに必要なすべての情報を入手するための内部統制の整備および運用状況の有効性の評価や，新規不具合案件への対応，対象となる車両台数，1台当たりの修理単価等会計上の見積りを行うための諸要因ごとにどのような手続を実施したかについて，具体的に記載されています。

事例34-1 ㈱デンソー（監査人：トーマツ，2020年3月期）

連結（IFRS基準）

製品保証引当金の見積計上	
監査上の主要な検討事項の内容及び決定理由	監査上の対応
会社は，2020年3月31日現在，連結財政状態計算書上，製品保証引当金を254,342百万円計上しており，連結財務諸表注記2.（4），3.（14）及び17.に関連する開示を行っている。 　製品保証引当金は，製品のアフターサービスの費用に備えるために，過去の実績を基礎にして製品保証費用，経済的便益の流出時期を見積り，認識されている。製品保証費用には主にエンドユーザからの修理依頼に基づく修理費用と，客先が決定したリコールを含む不具合対応に基づく対象車両の修理費用がある。 　このうち不具合対応に係る製品保証引当金は，過去に会社が製造した製品に関して客先が不具合の修理対応を行った場合などに，会社が負担すると合理的に見込まれる金額に基づき算出	当監査法人は，製品保証引当金のうち，残高の大半を占めるリコールを含む製品不具合に係る個別引当金の網羅性及び評価の妥当性を検討するにあたり，主として以下の監査手続を実施した。 ・経理部が引当金の見積りに必要なすべての情報を入手するために，品質管理部門と適時に協議するという内部統制の整備及び運用状況を評価した。 ・国土交通省が公表しているリコール届出一覧，取締役会等の会議体議事録及び決裁書を査閲し，製品保証引当金の計上の網羅性を検討した。 ・新規の不具合対応案件について，案件の概要，製品不具合の原因等について会社の品質管理部門の責任者に質問を行った。 ・a.対象となる車両台数について，利

される。算出は，a. 対象となる車両台数，b. 1台当たりの修理単価，c. 不具合対応の実施率，d. 客先との負担金額の按分見込割合をそれぞれ掛け合わせて行われる。

　これらはいずれも経営者の判断を伴う重要な仮定により影響を受けるものであり，特に，b. 1台当たりの修理単価とd. 客先との負担金額の按分見込割合は，製品不具合の原因に照らして修理に係る工数の見積りや客先との交渉結果の見積りを行う必要があることから，相対的に不確実性が高い。a. 対象となる車両台数についても，車種，地域等で不具合の発生状況が異なる等，案件の状況によっては不確実性が高くなることもある。また，不具合発生の状況変化が続く場合には，会計上の見積りの不確実性が全般的に高くなることもある。さらに，部品の共通化の度合いによっては，製品不具合が発生した場合の製品保証費用総額は高額になる恐れもあることから，当監査法人は不具合対応に係る製品保証引当金の見積計上を監査上の主要な検討事項に該当するものと判断した。

用可能な外部データと突合した。また，案件の状況によっては，見積りの前提となる基礎データ等の正確性及び網羅性に照らして，経営者が使用した重要な仮定の合理性を評価した。

• c. 不具合対応の実施率について，他の案件における実績に照らして，経営者が使用した重要な仮定の合理性を評価した。

• b. 1台当たりの修理単価及びd. 客先との負担金額の按分見込割合について，会社の品質管理部門の責任者と議論し，製品不具合の原因，過去の他の案件における実績及び利用可能な外部データに照らして，経営者が使用した重要な仮定の合理性を評価した。

• 1台当たりの修理単価及び客先との負担金額の按分見込割合等の経営者が使用した重要な仮定の合理性を評価するため，過去の案件における当初に見込んだ修理単価及び按分見込割合等とそれらの実績を比較した。

（出所：㈱デンソー　有価証券報告書-第97期（2019年4月1日-2020年3月31日））

　2つ目の事例（**事例34-2**）は，利息返還損失引当金をKAMとしている例です。

　KAMの決定理由としては，過去実績に基づいた計算要素（口座数，介入率）の将来予測が引当金の見積りに重要な影響を与えることが挙げられています。

　監査上の対応においては，引当金の見積りに用いた計算基礎データの正確性・網羅性に関する手続と，KAMの決定理由の中でも挙げられている重要な

計算要素（口座数，介入率）について，どのような手続を実施したかについても具体的に記載されています。

事例34-2 ㈱新生銀行（監査人：トーマツ，2020年3月期）

連結（日本基準）

利息返還損失引当金の評価	
監査上の主要な検討事項の内容及び決定理由	監査上の対応
複数の連結子会社が利息返還損失引当金を計上しており，2020年3月31日現在，連結貸借対照表における利息返還損失引当金計上額は493億円となっている。このうち連結子会社である新生フィナンシャル株式会社において計上されている利息返還損失引当金は378億円であり，連結貸借対照表に計上される利息返還損失引当金の約77％を占める。 　また，連結損益計算書において計上される利息返還損失戻入益26億円の内訳は，新生フィナンシャル株式会社において計上される利息返還損失引当金戻入益45億円及び新生フィナンシャル株式会社以外の連結子会社で計上される利息返還損失引当金繰入額18億円となっている。 　新生フィナンシャル株式会社の利息返還損失の見積り額は，過払利息返還の対象となる母集団（口座数）や当該母集団のうち弁護士事務所・司法書士事務所の介入等により，顧客から過払利息の返還請求がなされるであろう比率（介入率），1顧客当たりの返還請求見込み金額等の複数の計算要素から算定されている。	当該監査上の主要な検討事項に対して，当監査法人が実施した主要な監査手続は以下の通りである。 ・新生フィナンシャル株式会社における会議体での議事録等の関連資料の閲覧及び同会議体の出席者への質問により，同社において，利息返還損失引当金の見積りの基礎となる各計算要素の合理性について予測数値と実績数値の比較及びその乖離要因の定性的・定量的検討が行われているかを評価した。また，新生フィナンシャル株式会社が利息返還損失引当金の見積りに用いる基礎データの正確性・網羅性についての検証を行った。 ・過去の遷移実績に基づき新生フィナンシャル株式会社が予測した将来の口座数について，当監査法人が独自に推計した口座数との比較を行い，さらに，同社の採用した口座数の将来予測に基づく利息返還損失引当金の見積り額が当監査法人の算定した許容範囲内であるかを検討した。 ・新生フィナンシャル株式会社が予測した将来の介入率の見積りについて，

　新生フィナンシャル株式会社では，同社内の会議体において，前連結会計年度末に見積もった上記の各計算要素の予測数値と当連結会計年度における実績数値を比較し，その乖離の定性要因や定量要因を検討した上で将来の予測数値を決定しており，利息返還損失引当金の計上額の妥当性について，規程に定める決裁権限者により承認している。

　これらの計算要素の決定にあたり，新生フィナンシャル株式会社は，過去の実績数値を基礎として将来予測を行っている。特に口座数と介入率がどのように遷移していくかについての過去の遷移率に基づく将来予測は利息返還損失引当金の見積りに重要な影響を与えるため，監査上の主要な検討事項に該当するものと判断した。

大手弁護士事務所・司法書士事務所の動向等の外部環境と照らし，合理的な仮定に基づくものであるかを検討した

（出所：㈱新生銀行　有価証券報告書-第20期（2019年4月1日-2020年3月31日））

Q35 組織再編のKAM

組織再編をKAMとして扱っているケースには，どのような特徴がありますか？

·Answer Point···············

POINT

- 組織再編のKAMは，会社の事業戦略上重要であり，金額的にも重要性が高いことから，KAMとしているケースが考えられます。
- 組織再編の中でも，会計上の見積りに関する分野である取得原価の配分における無形資産の評価の妥当性を扱うケースが比較的多いと考えられます。また，監査上の対応においては，専門家の利用について言及されることが比較的多いと考えられます。

解 説

（1）組織再編をKAMとするケース

　組織再編は，会社の事業戦略上重要な取引であり，また金額的にも重要な取引である場合があります。特に注意を払った事項の決定にあたっては，当年度において発生した重要な事象または取引が監査に与える影響を考慮しますので，当該取引の重要性からKAMとするケースが考えられます。

　その中でも，会社が企業結合を行い「取得」に該当する場合，被取得会社か

ら受け入れた資産・負債のうち企業結合日時点で識別可能なものについては，企業結合日の時価を基礎として評価します。これを取得原価の配分といい，PPA（Purchase Price Allocation）と呼ばれます。特に，無形資産の評価額の算定においては，複雑な評価モデルの利用や一定の仮定に基づいた見積りが行われます。そのため，見積りの不確実性の程度や経営者の主観的な判断の程度，専門的知識の必要性などの理由から，無形資産の評価における見積りの妥当性をKAMとするケースが多いと考えられます。また，これらを検討するために，監査人は企業価値評価の専門家なども利用して検討を行うことが考えられ，「監査上の対応」において，専門家の利用について言及されることが比較的多いと考えられます。

（2）早期適用事例

　2020年3月期までにKAMの早期適用を行った48社のうち，9社が組織再編をKAMとしています。そのうち，取得原価の配分について記載している事例が8社ありました。KAMとした決定理由においては，見積りの不確実性や経営者の主観的判断の程度が高いことを記載している例が多く，それ以外に，複雑性，金額的な重要性や質的重要性，専門的知識を要することなどが記載されていました。以下は，早期適用の具体的な事例です。

　1つ目の事例（**事例35-1**）は，重要な組織再編等をKAMとしている例です。このKAMの中には3つの内容が含まれていますが，そのうち取得原価の配分および無形資産の期末評価の箇所を抜粋しています。

　KAMの決定理由としては，企業結合取引により認識する無形資産に重要性が高く，PPAおよび期末評価における経営者の判断および見積りの連結財務諸表に与える影響が大きいことが記載されています。

　KAMの内容および決定理由の記載においては，「商標権」と「顧客基盤」それぞれについて，測定にあたっての重要な仮定が記載されており，監査上の対

応において個々の仮定に対する検討手続が具体的に記載されています。また，ネットワーク・ファームの公正価値評価専門家を利用してどのような手続を実施したかについても具体的に記載されています。

事例35-1 ソフトバンク㈱（監査人：トーマツ，2020年3月期）

連結（IFRS基準）

２．重要な組織再編及び企業結合（注記３．重要な会計方針（２）企業結合，注記６．企業結合），注記14．のれんおよび無形資産）

監査上の主要な検討事項の内容及び決定理由	監査上の対応
連結財務諸表注記６に記載のとおり，当連結会計年度において，Ｚホールディングス㈱（旧社名ヤフー㈱）株式の追加取得による子会社化及び子会社となったＺホールディングス㈱による㈱ZOZO株式の公開買付による子会社化が重要な組織再編及び企業結合取引として発生した。 ①Ｚホールディングス㈱の子会社化の会計方針の決定及び遡及修正再表示及び開示の正確性 （略）	（略）
②㈱ZOZO株式取得に関連した取得対価配分（PPA）の適切性と認識された無形資産の評価 　子会社であるＺホールディングス㈱は，㈱ZOZO株式の50.1％を公開買付けにより取得し，2019年11月13日をもって子会社化している。取得対価は400,737百万円であり，会社は公正価値測定にかかる外部専門家を利用し，取得した識別可能な資産及び引き受けた負債の認識及び測定（PPA）を実施した。その結果，無形資産502,199百万円（主に商標権178,720百万円，顧客基盤	左記の監査上の主要な検討事項に対して，当監査法人は，PPA及び無形資産の減損にかかる内部統制の整備・運用状況を検証し，以下の実証手続を実施した。 １）取得時の無形資産の公正価値測定を検討するにあたり，主として以下の実証手続を実施した。 ●取締役会議事録，CEO会議資料及び主要な契約書等，関連資料の閲覧による取引概要の理解 ●CEO及びCFOを含む本件に関係する役職者への質問により取引の目的と

322,070百万円）及びのれん212,911百万円が計上されている。

　会社は無形資産の測定にあたり，以下の重要な仮定を用いている。

＜商標権＞
- 対象商標から生み出される将来売上予想
- ロイヤリティレート
- 割引率

＜顧客基盤＞
- 既存顧客からの将来売上，営業利益予想
- 顧客減耗率の将来予想
- 割引率

　会社は識別された無形資産の期末評価において，商標権については，耐用年数を確定できない無形資産として減損テストの対象とすると共に，当該資産について耐用年数を確定できない状況に変更がないことを確認している。

　また，顧客基盤については，取得時に見込まれた既存顧客からの将来売上及び営業利益予想に対する当期実績等をモニタリングし，経済的耐用年数見直しの要否を検討している。

　当該無形資産は，ほぼ独立したキャッシュ・フローを生まず，当該資産の属する資金生成単位の一部として，期末時点において回収可能価額を比較し，減損の要否を検討している。

　当該企業結合取引により認識する無形資産に重要性が高く，PPA及び期末評価における経営者の判断及び見積りの連結財務諸表に与える影響が大きいことから，当監査法人は，１）ZOZO

会計処理の整合性を検証
- 当監査法人のネットワークファームの公正価値評価専門家を利用して各無形資産の公正価値測定に採用された評価モデルの合理性の検討
- 重要な仮定について，以下の手続を実施

＜商標権＞
- 対象商標が創出する売上の範囲の合理性を事業構造の分析により検証
- 将来売上予想について，事業環境，事業構造等の分析により過去実績や市場環境と整合していることの検証
- 当監査法人のネットワークファームの公正価値評価専門家を利用してロイヤリティレート，割引率を検証

＜顧客基盤＞
- 既存顧客からの売上，営業利益予測について，過去実績及び市場成長率等利用可能な外部データを加味し合理性の検証
- 顧客減耗率について，主要顧客との契約内容，既存顧客との関係につき定性面のヒアリング，過去10年の顧客別GMV（総取扱高）推移の分析・再計算
- 当監査法人のネットワークファームの公正価値評価専門家を利用して，顧客減耗率の算定モデル，経済的耐用年数の算定モデル，適用される割引率についての合理性の検証

２）無形資産の期末評価を検討するに

株式取得時のPPAの適切性　2）無形資産の期末評価を監査上の主要な検討事項に該当するものと判断した。	あたり，主として以下の実証手続を実施した。 ● 商標権について，取得時における売上及び営業利益予想に対する実績売上及び損益の状況を期末時に比較分析すると共に耐用年数を確定できない状況について変化がないことの経営者への質問 ● 顧客基盤について，既存顧客からのGMVや顧客減耗率等の実績を評価の上，経済的耐用年数の見直し要否の判断の妥当性を検証 ● 期末時点に会社によって実施された減損テストにおいて，その方法及び回収可能価額算定の合理性を検証
③㈱ZOZO取得により認識したのれんの評価 　　　　　　　　　　（略）	（略）

（出所：ソフトバンク㈱　有価証券報告書-第34期（2019年4月1日-2020年3月31日））

　2つ目の事例（**事例35-2**）は，取得原価の配分の完了により遡及修正しているという点は異なりますが，1つ目と同様に無形資産の評価の妥当性を扱っている例になります。

　KAMの決定理由としては，主要な仮定の評価には監査上の高度な判断を要することが記載されています。KAMの内容および決定理由の記載においては，「将来の売上予測」を主要な仮定として挙げており，監査上の対応においても「将来の売上予測」に焦点を当てた記載が行われています。

事例35-2　武田薬品工業㈱（監査人：あずさ，2020年3月期）

連結（IFRS基準）

取得対価の配分の完了に伴って遡及修正された，Shire社の買収によって取得した製品に係る無形資産の取得日時点における公正価値の見積り	
監査上の主要な検討事項の 内容及び決定理由	監査上の対応
連結財務諸表の「注記31　企業結合」に記載のとおり，武田薬品工業株式会社は，2019年1月8日に現金及び株式等総額6,213,335百万円を対価とした取引により，Shire plc（以下「Shire社」という。）の発行済普通株式の100％を取得している。当連結会計年度において取得対価の配分が完了し，入手した取得日時点で存在した事実及び状況に関する新たな情報を反映させた結果，無形資産の残高が暫定的な公正価値3,899,298百万円から最終的な公正価値3,769,076百万円に遡及修正されている。 　Shire社の買収によって取得した無形資産のうち，一部の製品に係る無形資産の取得日時点における公正価値の見積りにあたっては，将来の売上予測が主要な仮定として使用されており，その評価には監査上の高度な判断が要求される。 　以上から，当監査法人は，取得対価の配分の完了に伴って遡及修正された，Shire社の買収によって取得した一部の製品に係る無形資産の取得日時点における公正価値の見積りが，当連結会計年度の連結財務諸表監査において特に重要であり，「監査上の主要な検討事項」の一つに該当すると判断した。	当監査法人は，取得対価の配分の完了に伴って遡及修正された，Shire社の買収によって取得した一部の製品に係る無形資産の取得日時点における公正価値の見積りの合理性を評価するため，関連する連結子会社の監査人に監査の実施を指示し，監査手続の実施結果についての報告を受け，十分かつ適切な監査証拠が入手されているかについて評価した。連結子会社の監査人によって実施された手続には，以下が含まれる。 （1）内部統制の評価 　将来の売上予測に関する仮定の設定を含む，一部の製品に係る無形資産の公正価値の見積りに関連する内部統制の整備・運用状況の有効性の評価 （2）公正価値の見積りの合理性の評価 　一部の製品に係る無形資産の公正価値の見積りにおいて使用された主要な仮定である，将来の売上予測の合理性を評価するための次の手続 • 製品の売上実績及び類似製品の過年度の売上実績との比較検討 • アナリストによる市場予測，市場の動向及び競合製品の動向に関連する情報との比較検討

（出所：武田薬品工業㈱　有価証券報告書−第143期（2019年4月1日−2020年3月31日））

Q36 関係会社株式のKAM

関係会社株式の評価をKAMとして扱っているケースには，どのような特徴がありますか？

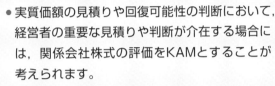

Answer Point

- 実質価額の見積りや回復可能性の判断において，経営者の重要な見積りや判断が介在する場合には，関係会社株式の評価をKAMとすることが考えられます。

POINT
- 個別財務諸表における関係会社株式の割合および金額的重要性が高く，多数の株式を保有している場合にも，個別財務諸表の監査における相対的重要性から，関係会社株式の評価をKAMとすることも考えられます。

（1）関係会社株式の評価をKAMとするケース

　関係会社株式は，個別財務諸表においては取得原価により計上されており，時価または実質価額に著しい下落が生じた場合に帳簿価額を減額します。上場子会社のように時価が把握できる場合には客観的に時価の下落を判断できるため，株式評価において経営者の見積りや判断が介在しないことからも，関係会社株式の評価はKAMにならないことが想定されます。

　しかし，非上場の関係会社のように市場価格のない株式の場合には，実質価額の見積りが必要となります。買収した関係会社の場合には，会社の超過収益力や経営権等を反映して，1株当たりの純資産額を基礎とした金額に比べて相当高い価額が実質価額として評価されている場合があります。また，実質価額が著しく低下したとしても，事業計画等を入手して回復可能性があると判断した場合には帳簿価額の減額処理をしない場合もあります。このように，実質価額の見積りや回復可能性の判断において，経営者の重要な見積りや判断が介在する場合には，関係会社株式の評価をKAMとすることが考えられます。

　また，純粋持株会社や商社等の業態においては，多数の関係会社株式を保有し，財務諸表に占める関係会社株式の割合が相当な割合を占めていることがあります。このような場合には，関係会社株式の評価が財務諸表に著しい影響を及ぼすことから，監査上も慎重な対応が必要であり，相対的重要性を踏まえてKAMとすることも考えられます。

（2）早期適用事例

　2020年3月期までにKAMの早期適用を行った48社のうち，15社が関係会社株式の評価をKAMとしており，KAMの個数では16個と個別財務諸表におけるKAMの中では最も多い結果となりました。

　関係会社株式の評価のKAMにおいて，具体的に関係会社の名称を記載したKAMは9個（8社）ありましたが，多くの場合は連結財務諸表において関係会社ののれんまたは無形資産の評価がKAMとなっているケースでした。また，関係会社の名称を記載せず，関係会社株式の評価全体をKAMとしていた事例は7個（7社）であり，これは全体として関係会社株式の評価の重要性が高いものの，特定の関係会社の評価が監査上は大きな論点となっていないケースであると考えられます。以下は，早期適用の具体的な事例です。

　1つ目の事例（**事例36-1**）は，特定の子会社株式の評価をKAMとしている

例です。

　KAMの決定理由としては，当該子会社の株式には超過収益力および無形資産の対価が含まれており，収益性の低下により実質価額が著しく下落していないかどうかにおいて，経営者の判断を伴うことが記載されています。なお，連結財務諸表においても当該子会社ののれんの評価はKAMとされていました。

　監査上の対応においては，実質価額に反映されている超過収益力および取得時に識別された無形資産等の価値が毀損していないかどうかの検討の基礎とした事業計画の達成可能性の評価を含む手続が具体的に記載されています。

事例36-1　日立建機㈱（監査人：EY新日本，2020年3月期）

個別（日本基準）

子会社株式（H-E Parts International　LLC社）の評価	
監査上の主要な検討事項の内容及び決定理由	**監査上の対応**
注記事項（重要な会計方針）１．に記載されているとおり，日立建機株式会社は子会社株式の評価基準及び評価方法として，移動平均法に基づく原価法を採用している。市場価格のない株式については，発行会社の財政状態の悪化により実質価額が著しく下落したときは，相当の減額をなし，評価差額は当期の損失として計上することとなる。 　注記事項（有価証券関係）に記載されているとおり，日立建機株式会社の2020年3月31日時点の貸借対照表に記載されている関係会社株式146,287百万円のうち，H-E Parts International LLC（以下，H-E Parts社）株式の貸借対照表計上額は20,713百万円である。日立	当監査法人は，経営者によるH-E Parts社株式の評価が会計方針に従っているかを評価するために，主として以下の手続を実施した。 （１）内部統制の評価 ▶市場価格のない株式の評価に関する内部統制の整備・運用状況を評価するために，関連証憑の査閲及び内部統制実施者への質問を実施した。 （２）H-E Parts社株式の評価減判定の評価 ▶日立建機株式会社の貸借対照表に計上されているH-E Parts社株式の帳簿価額と，H-E Parts社の実質価額との比較を実施した。

建機株式会社はH-E Parts社の株式の取得にあたり，同社の超過収益力および取得時に識別された無形資産等を加味した価額で株式を取得しているが，2020年3月期において，H-E Parts社及び同社グループの資産の一部については北米での事業環境の変化に伴う収益性の低下により，連結財務諸表上で減損損失が認識されている。日立建機株式会社の個別財務諸表監査上は，H-E Parts社の財政状態の悪化により実質価額が著しく下落していないかどうかについて，経営者の判断が伴うものであることから，当該事項を監査上の主要な検討事項とした。	▶ 実質価額に反映されている超過収益力及び取得時に識別された無形資産等の価値に，H-E Parts社株式の評価減を必要とするほどの毀損が生じていないかどうかについての経営者の検討を評価した。具体的には，経営者が超過収益力及び取得時に識別された無形資産等の価値が毀損していないかどうかの検討の基礎とした事業計画の達成可能性を評価するため，過去の予算と実績の比較，H-E Parts社の属する市場や顧客の動向等の利用可能な内部及び外部のデータとの比較を実施した。 ▶ 新型コロナウィルス感染症の拡大に伴う経済活動の停滞が将来の事業見通しに及ぼす影響について，経営者への質問等により検討した。 ▶ 経営者がH-E Parts社株式の評価減判定のために作成した判定資料の計算の正確性を検討した。

（出所：日立建機㈱　有価証券報告書-第56期（2019年4月1日-2020年3月31日））

　２つ目の事例（**事例36-2**）は，市場価格のない子会社株式の評価全体をKAMとしている例です。

　KAMの決定理由としては，財務諸表における金額的重要性が高いことおよび実質価額が著しく下落した場合に行う回復可能性の検討が経営者の判断を伴うことが記載されています。

　また，監査上の対応においては，KAMの決定理由のうち，子会社の経営環境の理解のための経営者等への質問，実質価額の算定に関する内部統制の評価，ならびに実質価額の正確性および下落の判定に関する監査手続が記載されています。

ソニー㈱（監査人：PwCあらた，2020年3月期）

個別（日本基準）

市場価格のない子会社株式の評価

監査上の主要な検討事項の 内容及び決定理由	監査上の対応
財務諸表の有価証券関係注記に記載のとおり，会社は，2020年3月31日現在，関係会社株式2,090,765百万円を貸借対照表に計上しており，このうち，市場価格のない子会社株式が，1,903,874百万円含まれている。当該金額は総資産額の56.1％に相当する。2020年3月31日現在，会社の連結子会社数は1,490社であり，その所在国や営む事業は多岐にわたる。会社はこれらの子会社の株式を直接的に又は間接的に保有しているが，その大部分は，市場価格のない株式である。市場価格のない子会社株式について財政状態の悪化により実質価額が著しく下落した場合には，相当の減額処理を行う必要がある。ただし，実質価額が著しく下落した場合，回復可能性が十分な証拠によって裏付けられる場合には，期末において相当の減額をしないことも認められる。 　当監査法人は，以下の理由により，市場価格のない子会社株式にかかる評価の妥当性の検討を監査上の主要な検討事項に該当するものと判断した。 ・市場価格のない子会社株式は，財務諸表における金額的重要性が高く，実質価額の著しい下落により減額処理が行われると，財務諸表全体に与	当監査法人は，市場価格のない子会社株式の評価の妥当性を検討するにあたり，主として以下の監査手続を実施した。 ・監査上重要と判断した会社の会議体における議事録の閲覧及び経営者や事業部責任者等への質問を通じて子会社の経営環境を理解し，財政状態の悪化の兆候を示唆する子会社の有無を確認した。 ・実質価額の算定にあたり使用する子会社の財務数値が，各子会社において適切に承認されたものであることを確認する経営者の統制を理解し，運用評価手続を実施した。 ・実質価額を各子会社の財務数値より再計算し，帳簿価額との比較に際して用いた実質価額の正確性，及び帳簿価額に対する実質価額の著しい下落が生じた子会社株式の有無について，経営者の判断の妥当性を評価した。

える金額的影響が大きくなる可能性があること。 • 実質価額が著しく下落した場合に行う回復可能性の検討は，経営者の判断を伴うこと。	

（出所：ソニー㈱　有価証券報告書-第103期（2019年4月1日-2020年3月31日））

Q37 収益認識のKAM

収益認識のKAMにはどのような特徴がありますか？

··Answer Point··········

POINT

- 工事進行基準における進捗度のように経営者の見積りや判断が含まれる場合，財またはサービスの移転に関して収益の認識に複雑性を伴う場合，または少額・多数の個別取引から収益が構成されており，その会計処理がITに高度に依存している場合等には，KAMとして選ばれることが多いと考えられます。

解 説

(1) 収益認識をKAMとするケース

収益は投資家により最も重視される指標の1つであり，また不正事例は収益に関連するものも多いことから，監査人は収益認識には不正リスクがあると推定し，当該不正リスクを特別な検討を必要とするリスクとして扱うことが求められています（監基報240第25項，第26項）。しかしながら，すべての特別な検討を必要とするリスクがKAMとなるわけではなく，その状況によっては，監査人が特に注意を払った事項には該当しないことがあります（監基報701 A21項）。

したがって，不正リスクが推定されるという理由のみでは収益認識をKAM

にする理由に乏しく，2020年3月期までに早期適用を行った48社においても，収益にかかわらず不正リスクをKAMの選定理由としている事例はありませんでした。

　それでは，収益認識はどのような場合にKAMと選定されるのでしょうか。

　まず考えられるのは，収益認識に経営者の見積りや判断が含まれる場合です。製商品の引渡しやサービスの提供をすることのみで収益が確定される一般的な取引であれば経営者の見積りや判断の要素は限定的であり，特に注意を払った事項とはいえない場合が多いのですが，例えば収益の対価に販売数量に応じて決定されるリベートやインセンティブが含まれる場合や，工事進行基準において収益を計上する際に用いられる進捗度については，経営者の見積りや判断が介在することになります。

　次に考えられるのは，1つの契約に複数のサービスが混在している場合等，収益認識の形態が複雑な場合や取引量が膨大であり高度にITに依存している場合です。これらの場合には，監査人は収益の検証に多大な時間と労力を割くことになり，また，ITシステムに関しての専門知識が必要となることが多く，相対的に重要性が高いことからもKAMとして選定されることもあります。

（2）早期適用事例

　2020年3月期までにKAMの早期適用を行った48社のうち11社が収益認識をKAMとしていますが，このうち5社が工事進行基準における工事進捗度の基礎となる工事原価総額等の見積りの不確実性が高いことを選定理由としており，ほかには取引スキームが複雑なことにより経営者の判断が介在することや，ITシステムの複雑性を理由に挙げている会社がありました。

　KAMの早期適用の事例において記載された決定理由としては，例えば以下がみられます。

- ITシステムへの依存度が非常に高く，営業収益が適切に財務諸表に反映されるためにはITの全般統制や自動化された内部統制の安定稼働が重要であり，その有効性の検証のためにITシステムに関しての専門的な知識および経験が必要であること
- 見積原価総額に対する実際発生原価の割合で測定される進捗度に基づいて売上収益を認識しており，原価総額の見積りは経営者の判断に依存し，また，大規模な長期請負契約等の原価総額の見積りは特に複雑であること

　2021年4月1日以後開始する事業年度より企業会計基準第29号「収益認識に関する会計基準」が適用されます。収益認識において，取引価格の算定や履行義務の識別，充足時期の判断等，従来より多くの見積りや判断が介在することになりますので，収益認識がKAMとされる事例が増えることが想定されます。以下は，早期適用の具体的な事例です。

　1つ目の事例（**事例37-1**）は，売上計上手続がITシステムに依存することをKAMとしている例です。

　KAMの決定理由としては，営業収益の検証においてITシステム群の安定稼働が不可欠であり，ITシステムに内包された自動化された内部統制の有効性が重視されていること，バージョンアップやリプレースが安定稼働に重要な影響をもたらす可能性があること，さらに相応の専門的な知識および経験が必要不可欠であることが記載されています。

　また，監査上の対応においては，どのように自動化された内部統制，ならびにバージョンアップやリプレースに関するIT全般統制を検証したのかについて具体的に記載されています。

事例37-1　㈱日本取引所グループ（監査人：トーマツ，2020年3月期）

連結（IFRS基準）

1　収益認識に関するIT統制の評価

監査上の主要な検討事項の内容及び決定理由	監査上の対応
連結財務諸表注記「21．営業収益」に記載されているとおり，当連結会計年度の取引関連収益は48,589百万円，清算関連収益は26,427百万円であり，連結損益計算書における営業収益の60.7％を占めている。 　これらの営業収益は，日々の膨大な現物・先物等取引がITシステムにより処理され，売買・取引代金，取引数量，想定元本額等に一定の料率を乗じて算定・計上されるため，ITシステムへの依存度が非常に高い。会社のITシステムは，テクノロジーの発達による取引手法の多様化・高度化や新商品の上場などに適切かつ機動的に対応し，市場利用者のニーズを実現していくため定期的に更改されており，当連結会計年度においても株式売買システム「arrowhead」のバージョンアップや現物清算システムのリプレースなどが実施されている。 　当監査法人は，営業収益が適切に連結財務諸表に反映されているかどうかを検討するにあたり，数値の直接的な検証の前提として，ITシステム群の安定稼働が必要不可欠な要素であると考えた。そのため，売買系システム，清算系システム等の一連のITシステムに内包された自動化された内部統制の有効性の評価を重視した。	当監査法人は，IT専門家と連携して，取引開始から営業収益の計上に至るまでのITシステムにおける一連のデータフロー，処理プロセス及び自動化された内部統制を理解し，ITシステム群の安定稼働のために構築された内部統制の有効性を評価した。それに加えて，営業収益の計上根拠証憑との突合を中心とした実証手続を実施した。主として実施した監査手続は以下のとおりである。 ・ITシステム群のプログラム変更時における責任者の承認証跡の閲覧や，重要データ・ファイルへのアクセス権限付与・変更における責任者の承認やアクセス権限の定期的な点検証跡の閲覧等により全般統制の有効性を評価した。 ・一連のITシステムのデータインタフェース処理に関する業務処理統制の有効性を評価するために，ITシステム間における売買・取引代金，取引数量が整合するかどうかを検討した。 ・主要な売買系及び清算系システムにおける自動計算に関する業務処理統制の有効性を評価するために，取引料，アクセス料，清算手数料等の料金の再計算を実施し，ITシステムによる処理の正確性を検討した。

さらに，当連結会計年度に行われたarrowheadのバージョンアップや現物清算システムのリプレースは，ITシステム群の安定稼働に特に重要な影響をもたらす可能性があると考えた。従って，そのような変化が生じている領域における開発管理やデータ移行等のための全般統制の有効性の評価について，慎重な検討が必要であると判断した。

また，当監査法人は，これら営業収益取引に係る内部統制の有効性の評価を実施するためには，取引所ビジネス及びITシステムに関して相応の専門的な知識及び経験が必要不可欠であると判断した。

以上より，当監査法人は当該事項を監査上の主要な検討事項に相当する事項に該当するものと判断した。

さらに，当連結会計年度にバージョンアップやリプレースが行われたarrowheadや現物清算システムに対しては，そのような変化が生じている領域に焦点を当てて内部統制の有効性を評価した。主として実施した監査手続は以下のとおりである。

- arrowheadや現物清算システムなどの開発管理やデータ移行等に係る全般統制の有効性を評価するために，以下について，システム管理者に質問するとともに関連文書等を閲覧した。
  - ユーザー部門のシステム要件定義への参画及び承認
  - ベンダーが開発したプログラムの受入テストによる品質評価
  - リリース前の本番稼働判定における品質の最終確認等

（出所：㈱日本取引所グループ　有価証券報告書-第19期（2019年4月1日-2020年3月31日））

2つ目の事例（**事例37-2**）は，工事進行基準における工事原価総額の見積りを理由としている例です。KAMの決定理由としては，長期請負契約等の売上収益および工事損失引当金は原価総額の見積りの影響を受けること，その原価総額の見積りは経営者の判断に依存すること，また大規模な長期請負契約等の原価総額の見積りは特に複雑であることが記載されています。監査上の対応においても「原価総額の見積り」に焦点を当てた記載が行われています。

事例37-2 ㈱日立製作所（監査人：EY新日本，2020年3月期）

連結（IFRS基準）

長期請負契約等の原価総額の見積り	
監査上の主要な検討事項の 内容及び決定理由	監査上の対応
会社及び連結子会社は，世界各地の幅広い事業分野の顧客と，顧客の仕様を満たす製品等を一定期間に亘り製造し顧客に提供する長期請負契約等を締結している。 　長期請負契約等について，会社及び連結子会社は主に，見積原価総額に対する実際発生原価の割合で測定される進捗度に基づいて売上収益を認識している（注20．売上収益（2）履行義務の充足に関する情報）。また，会社及び連結子会社は長期請負契約等から見込まれる損失の見積額に基づいて工事損失引当金を計上している（注14．引当金）。 　長期請負契約等の売上収益及び工事損失引当金は原価総額の見積りの影響を受ける。会社及び連結子会社の長期請負契約等は，案件ごとに仕様や工期等が異なる個別的なものであり，その原価総額の見積りは経営者の判断に依存する。また，大規模な長期請負契約等の原価総額の見積りは，特に複雑である。 　会社及び連結子会社の長期請負契約等が有するこれらの性質に伴い，長期請負契約等の原価総額の見積りの監査には，案件に応じた様々な見積要素の検討を要することから，当監査法人は当該事項を監査上の主要な検討事項とした。	当監査法人は，会社及び連結子会社が整備したプロジェクト管理体制及び原価総額の見積りのプロセスを理解し，原価総額の見積りの基礎となる実行予算書の策定時及び更新時の承認を含む，関連する内部統制を評価した。 　契約額が一定額を超える案件，作業進捗遅延等の質的リスクを考慮して抽出した案件等に対し，四半期ごとに，案件の状況に応じて以下の手続を実施した。 • 契約書やプロジェクト管理資料の閲覧及び経営管理者への質問により，仕様や工期等に関連する重要な見積要素を識別し，見積要素の不確実性の影響に関する経営管理者の判断を評価した。また，原価項目について，見積原価総額の明細と発注先からの見積書との照合等を実施した。 • 経営管理者への質問及びプロジェクト管理資料の閲覧により理解した案件の実態を踏まえ，見積原価総額の変更の要否に関する経営管理者の判断を評価した。 • 当期完成案件は実際発生原価総額，進行中案件は最新の見積原価総額と，前期及び当初の見積原価総額を比較し，原価総額の見積りの精度を評価した。 • 特に重要な案件は，プロジェクト責任者への追加的な質問を実施し，そ

| | の結果と経営管理者が把握している案件の実態との整合性を検討した。 |

（出所：㈱日立製作所　有価証券報告書-第151期（2019年4月1日-2020年3月31日））

Q38 収益認識に関する会計基準とKAM

2021年4月1日以後開始する事業年度より企業会計基準第29号「収益認識に関する会計基準」（収益認識会計基準）が適用されます。これにより，収益認識のどのような項目が新たにKAMの候補になると考えられるでしょうか？

Answer Point

POINT

- 収益認識会計基準においては5つのステップを適用して収益の認識がなされ，従来よりも多くの判断や見積りが必要とされています。
- これらの判断が複雑である場合や見積りの不確実性が高い場合，当該項目が監査の重点事項となり，KAMの候補となることも考えられます。

解 説

（1）収益認識会計基準の特徴

2021年4月1日以後開始する年度の期首から強制適用される企業会計基準第29号「収益認識に関する会計基準」（以下，「収益認識会計基準」という）では，「約束した財又はサービスの顧客への移転を当該財又はサービスと交換に企業が権利を得ると見込む対価の額で描写するように，収益を認識する」（収益認識会計基準第16項）ことが基本原則とされ，それを実現するために，次の5つのステップを適用して収益の認識がなされます。

① 顧客との契約を識別する

② 契約における履行義務を識別する
③ 取引価格を算定する
④ 契約における履行義務に取引価格を配分する
⑤ 履行義務を充足した時にまたは充足するにつれて収益を認識する

　これまでのわが国における会計基準においては，工事契約やソフトウエア取引を対象とした収益認識に関する定めはあったものの，収益認識に関する包括的な会計基準は存在せず，企業会計原則による「実現主義の原則」に従った収益認識が行われてきました。収益認識会計基準においては，一部代替的な取扱いの追加的定めはあるものの，IFRS第15号「顧客との契約から生じる収益」の定めが基本的にすべて取り入れられており，上記の5つのステップごとに定められた具体的な要件に従った処理が必要となります。

　これらのステップを充足するうえで，例えば，従来1つの契約として処理していた取引について複数の履行義務を識別する場合（ステップ2）や，取引価格を算定し配分する場合（ステップ3，4），または履行義務の充足の判定（ステップ5）において，会社の判断や見積りといった要素が介在し，それにより収益認識の時期やその計上金額について，従来の会計処理とは異なる処理となる可能性があります。

(2) 収益認識会計基準とKAM

　上記のとおり，収益認識会計基準の適用においては，5つのステップを適用して収益を認識するにあたり，従来よりも多くの判断や見積りが必要となる場合があります。そして，その判断の複雑性や見積りの不確実性，あるいはそれらが財務諸表に与える影響の程度により，収益認識に関する項目が監査上特に注意を払った事項となり，さらには，特に重要であるとして新たにKAMに選定される場合があるものと想定されます。

　それでは，収益認識会計基準を適用することにより監査の重点事項となり，

KAMとして選定される可能性が考えられる項目としては，どのようなものがあるのでしょうか。特に，会計処理にあたり判断や見積りが必要になる場合として，例えば以下のような項目が考えられます。

①　履行義務の識別

収益認識会計基準においては，「契約において顧客への移転を約束した財又はサービスが，所定の要件を満たす場合には別個のものであるとして，当該約束を履行義務として区分して識別する」とされています（収益認識会計基準第17項(2)）。

例えば，機械を販売する取引の場合，一般的に出荷，納品，据付，試運転及び検収等のプロセスが考えられますが，販売契約に機械設備本体の引渡しと据付作業に係る履行義務が含まれている場合，「据付作業」が「機械設備本体の引渡し」とは別個の履行義務として識別されるか，同一の履行義務として識別されるか，所定の要件に照らした判断が必要となります。これは，製品の販売契約に製品に対する保証を提供する内容が含まれる場合などにおいても同様です。

また，顧客への財またはサービスの提供に他の当事者が関与している場合，会社自らが顧客に提供する履行義務と判断するか，他の当事者によって提供されるように会社が手配する履行義務と判断するかにより，本人取引として対価の総額で収益認識されるか，または代理人取引として報酬または手数料の純額で収益認識されるかといった違いが生じます（収益認識に関する会計基準の適用指針第39項，第40項）。

②　取引価格の算定

収益は，それぞれの履行義務に配分された取引価格に基づいて認識されます。ここで取引価格とは「財又はサービスの顧客への移転と交換に企業が権利を得ると見込む対価の額」（収益認識会計基準第47項）とされ，算定にあたっては(a)変動対価，(b)契約における重要な金融要素，(c)現金以外の対価，(d)顧客に支払

われる対価の4つのすべての影響を考慮することとされています（収益認識会計基準第48項）。

　このうち(a)変動対価は，「顧客と約束した対価のうち変動する可能性のある部分」（収益認識会計基準第50項）のことであり，値引き・リベートやいわゆる「仮単価」による売上などが考えられます。例えば，リベートの金額が販売数量や販売金額などの条件達成の度合いに応じて決定される場合，条件達成の確度等を考慮して，最頻値や期待値を算定する方法で見積ることになると考えられます。また，「仮単価」の場合にも，最終的な取引価格の決定が，四半期末や年度末をまたぐ場合においては，最善の見積りが必要となります。

③　履行義務の充足
　収益認識会計基準においては，会社は，財またはサービスを顧客に移転することにより，履行義務を「充足した時」または「充足するにつれて」収益を認識するとされており，契約における取引開始日に，それぞれの履行義務ごとに，一時点で充足されるものか，あるいは一定の期間にわたり充足されるものか判定する必要があります（収益認識会計基準第35項，第36項）。

　例えば，要件を満たす工事請負契約などのように，一定の期間にわたり充足される履行義務については，一定の期間にわたり収益を認識するため，履行義務の充足に係る進捗度を見積る必要があります。また，ライセンスの供与の場合にも，そのライセンスの性質により一定の期間にわたり収益を認識するか，一時点で収益を認識するかといった判断が必要となります。

(3) IFRS適用会社や海外における適用事例

　（1）に記載のとおり，収益認識会計基準にはIFRS第15号の定めが基本的にすべて取り入れられているため，IFRS適用会社において収益認識をKAMとして選定している事例や海外におけるKAMの事例は，収益認識会計基準適用後における収益認識のKAMの事例として参考になるものと考えられます。

　Q37「収益認識のKAM」に記載のとおり，2020年3月期までにKAMの早期適用を行った48社のうち，収益認識をKAMとして選定している会社は11社あり，このうちIFRS適用会社は6社でした。当該6社のうち3社は，工事請負契約に関連するKAMであり，上記（2）③の一定の期間にわたり充足される履行義務における進捗度の充足に関連した項目となります。また，事例38-1に紹介するソフトバンク㈱の事例では，各通信サービス契約に係る会計処理にあたっての履行義務の識別や取引価格の算定など，複数のステップにおける重要な判断および見積りが収益認識に係るKAMの決定理由として記載されています。

　そのほか，海外のKAMの事例においても，例えば，①契約の複雑性に起因して履行義務の識別や充足時期に重要な判断と見積りを含むことや，②リベート，返金，返品の権利を含む商契約を行っている場合に，これらリベート等の変動対価の見積りが収益の認識金額に重要な影響を与える可能性のある見積りと不確実性を伴うものであるとしてKAMとしている事例などが見受けられます。

事例38-1　ソフトバンク㈱（監査人：トーマツ，2020年3月期）

連結（IFRS基準）

1．通信サービス契約におけるIFRS第15号「顧客との契約から生じる収益」の適用上の重要な判断及び見積り及び収益計上の前提となるITシステムの信頼性（注記3.重要な会計方針（16）収益，注記36.売上高）

監査上の主要な検討事項の内容及び決定理由	監査上の対応
① 通信サービス契約におけるIFRS第15号の適用上の重要な判断及び見積り 　連結財務諸表注記36に記載のとおり，当連結会計年度において，通信サービス売上高は2,477,887百万円であり連結損益計算書の売上高の50.9％を占めている。また，関連する契約負債は127,652百万円，資産化された契約コストは212,638百万円であり，それぞれ連結貸借対照表における流動負債の2.8％，非流動資産の3.3％を占めている。 　通信サービスはコンシューマに対する移動通信サービスとブロードバンドサービス，法人に対する移動通信サービスと固定通信サービスに区分され，各区分に応じた複数の料金プランや割引プランが存在する。 　経営者は各通信サービス契約にIFRS第15号を適用する際に，主として以下の重要な判断及び見積りを行っており，それらは個別契約の取引価格の算定や配分，収益の認識時点と計上期間及び年間の費用計上額に影響があるため重要である。 ・通信サービス契約当事者の契約存続期間（すなわち，契約期間）の判断 ・通信サービス契約に付随して顧客に付与した値引オプションが顧客に提	左記の監査上の主要な検討事項に対して，当監査法人は，IFRS第15号の適用にかかる内部統制の整備・運用状況を検証し，経営者が決定した通信サービス契約の収益認識方法の適切性について，IFRS第15号の準拠性を評価するため，特に以下の実証手続を実施した。 ・経営者の判断により設定された契約期間の合理性について，契約書記載の契約期間内に解約した場合に発生する解約違約金の影響度分析，顧客の解約実績率の推移分析等による検証 ・顧客に提供した値引オプションが対応する通信サービス契約の「重要な権利」に該当するとする経営者判断の合理性について，契約書の閲覧や質問等により，値引による便益と通信契約との不可分性，値引により顧客に提供される便益について経済的実質性の検証，経営者が実施した分析結果の再実施，分析の根拠となるデータの客観性・正確性等の検証 ・資産化された契約コストの償却期間として用いる，経営者による通信サービスの予想提供期間に関する見積りの適切性について，通信サービス契約毎の契約条件や顧客属性単位別の通信サービス契約継続実績の分

供する重要な権利に該当するか否かの判断 • 資産化された契約コスト（主に移動通信契約の獲得および更新を行った場合に支払う販売手数料）の償却期間として用いる通信サービスの予想提供期間の見積り 　当監査法人は，通信サービス契約による売上高の金額に重要性が高く，そのIFRS第15号の適用に伴う経営者の判断及び見積りの影響が大きいことから，当該事項を監査上の主要な検討事項に該当するものと判断した。	析，契約書の閲覧や質問等による経済的実態との整合性の検証及び分析の根拠となるデータの客観性・正確性等の検証
②　収益計上の前提となるITシステムの信頼性 （以下省略）	（以下省略）

（出所：ソフトバンク㈱　有価証券報告書-第34期（2019年4月1日-2020年3月31日））

【執筆者紹介】

結城　秀彦（ゆうき　ひでひこ）

有限責任監査法人トーマツ
監査・保証事業本部　監査品質統括部　パートナー
公認会計士
会計監査（総合商社等）や内部監査体制整備等の助言提供業務，監査メソドロジーおよび監査ソフトウェアコンテンツ開発等に従事。この間，提携会計事務所（米国・ドイツ）にて，会計監査および日系企業に対する監査・会計・税務業務支援にも参画。公認会計士試験委員（管理会計論）を拝命（平成26年から29年まで）。
主な著作に，『リスクマネジメントと内部統制』（共著，税務研究会），『内部監査実務ハンドブック（第 2 版）』（監修・共著，中央経済社），『多様化するニーズに応える 財務報告の枠組みと監査Q&A』（中央経済社），『会計不正の予防・発見と内部監査-リスク・マネジメントとガバナンス強化に向けた活用』（共著，同文舘出版）がある。

古賀 祐一郎（こが　ゆういちろう）

有限責任監査法人トーマツ
監査・保証事業本部　監査品質統括部　パートナー
公認会計士
製造業および運輸業等の財務諸表監査に従事。
日本公認会計士協会　監査・保証実務委員会「監査報告書専門委員会」専門委員長および監査基準委員会起草委員にも従事。

大山 顕司（おおやま けんじ）

有限責任監査法人トーマツ
監査・保証事業本部　第一事業部　パートナー
公認会計士
非鉄金属，化学品などの素材産業や食品メーカーを中心に，小売・卸売業，ソフトウェア開発業など数多くの上場会社の会計監査業務に従事。

神山 智宏（かみやま　ともひろ）

有限責任監査法人トーマツ
監査・保証事業本部　監査・保証事業企画部　シニアマネジャー
公認会計士
製造業等の財務諸表監査に従事しながら，日本公認会計士協会　監査上の主要な検討
事項分析チームのメンバーとして，KAMの早期適用事例の分析にも従事。
著書に，『Q&A業種別会計実務・7 運輸』（共著，中央経済社）がある。

村山 大二（むらやま　だいじ）

有限責任監査法人トーマツ
監査・保証事業本部　第三事業部　シニアマネジャー
公認会計士，米国公認会計士，公認情報システム監査人
製造業，商社等の財務諸表監査や，内部監査支援，J-SOX対応支援等の非監査業務に従
事。2014年から4年間Deloitteジャカルタ事務所に駐在。

【執筆協力者】
後藤 あゆみ（ごとう　あゆみ）

公認会計士

【著者紹介】

有限責任監査法人トーマツ

　有限責任監査法人トーマツは，デロイト トーマツ グループの主要法人として，監査・保証業務，リスクアドバイザリーを提供しています。日本で最大級の監査法人であり，国内約30の都市に約3,300名の公認会計士を含む約6,700名の専門家を擁し，大規模多国籍企業や主要な日本企業をクライアントとしています。

　デロイト トーマツ グループは，日本におけるデロイト アジア パシフィック リミテッドおよびデロイト ネットワークのメンバーであるデロイト トーマツ合同会社ならびにそのグループ法人（有限責任監査法人トーマツ，デロイト トーマツ コンサルティング合同会社，デロイト トーマツ ファイナンシャルアドバイザリー合同会社，デロイト トーマツ税理士法人，DT弁護士法人およびデロイト トーマツ コーポレート ソリューション合同会社を含む）の総称です。デロイト トーマツ グループは，日本で最大級のビジネスプロフェッショナルグループのひとつであり，各法人がそれぞれの適用法令に従い，監査・保証業務，リスクアドバイザリー，コンサルティング，ファイナンシャルアドバイザリー，税務，法務等を提供しています。また，国内約30都市以上に1万名を超える専門家を擁し，多国籍企業や主要な日本企業をクライアントとしています。詳細はデロイト トーマツ グループWebサイト（www.deloitte.com/jp）をご覧ください。

　デロイト ネットワークとは，デロイト トウシュ トーマツ リミテッド（"DTTL"），そのグローバルネットワーク組織を構成するメンバーファームおよびそれらの関係法人の総称です。DTTL（または"Deloitte Global"）ならびに各メンバーファームおよび関係法人はそれぞれ法的に独立した別個の組織体であり，第三者に関して相互に義務を課しまたは拘束させることはありません。DTTLおよびDTTLの各メンバーファームならびに関係法人は，自らの作為および不作為についてのみ責任を負い，互いに他のファームまたは関係法人の作為および不作為について責任を負うものではありません。DTTLはクライアントへのサービス提供を行いません。詳細は www.deloitte.com/jp/about をご覧ください。

　デロイト アジア パシフィック リミテッドはDTTLのメンバーファームであり，保証有限責任会社です。デロイト アジア パシフィック リミテッドのメンバーおよびそれらの関係法人は，それぞれ法的に独立した別個の組織体であり，アジア パシフィックにおける100を超える都市（オークランド，バンコク，北京，ハノイ，香港，ジャカルタ，クアラルンプール，マニラ，メルボルン，大阪，ソウル，上海，シンガポール，シドニー，台北，東京を含む）にてサービスを提供しています。

Q&Aでわかる
KAM〈監査上の主要な検討事項〉の実務

2021年7月15日　第1版第1刷発行

著　者　有限責任監査法人トーマツ

発行者　山　本　　　継

発行所　㈱中央経済社

発売元　㈱中央経済グループ
　　　　パブリッシング

〒101-0051　東京都千代田区神田神保町1-31-2
電話 03（3293）3371（編集代表）
　　 03（3293）3381（営業代表）
https://www.chuokeizai.co.jp

印刷／文唱堂印刷㈱
製本／㈲井上製本所

＊頁の「欠落」や「順序違い」などがありましたらお取り替えいたしますので発売元まで
ご送付ください。（送料小社負担）

ISBN978-4-502-39051-7 C3034